피양풍류

구글어스로
옛 詩 속 평양 산책 ❶

  도서출판 은누리

읽어두기

1. 인용한 한시(漢詩)의 출처는 대개 「한국고전종합DB」임. 고전종합DB가 아닌 경우, 출처를 따로 밝혀 놓았음.
2. 한시 원문과 번역은 1차로 「한국고전종합DB」를 참고하였으며, 오재 정길연 훈장(한문학 박사)의 감수를 받았음.
3. '질부채 #00'는 한시와 관련, 배경 또는 오늘의 변화상을 소개한 것임.
4. 책에 수록된 평양의 고지도 도판은 「평양의 옛지도」 (서울학연구소, 평양학연구센터, 2022)에서 재인용하였음.
5. 원저자 소개는 부록 「조선시인 인명록」에 정리하였으며 이 내용은 「한국민족문화대백과사전」의 원문을 간추렸음.

— 차 례 —

평양성 주요연대기 ·· 7
주요 누정 및 유적 ·· 8
평양 고지도 ·· 10
권두시 / 풍류도시 평양을 그리며 ···························· 12
머리글 / 대동강 풍류, 어찌 다 정지상에게 맡기랴 ········· 16

1부

평안감사 행차길 따라

풍월은 본디 주인이 없거늘 ····································· 24
- 찔부채 #1 「서경시화西京詩話」 ····························· 30

구현고개 올라 평양성을 바라보네 ···························· 32
- 찔부채 #2 평안감사 행차길 ································ 38

대동강 초입, 영제교를 지나가다 …………………………………… 40
- 쥘부채 #3 평양의 다리 …………………………………………… 46

십리길 버들 숲을 지나가다 ……………………………………… 50
- 쥘부채 #4 풍수로 본 평양성 …………………………………… 56

대동문 향해 채색배 타고 가네 …………………………………… 60
- 쥘부채 #5 객사와 누선의 등급 ………………………………… 68

대동강의 노래 ………………………………………………………… 70
- 쥘부채 #6 평양성의 성문 ……………………………………… 74

풍월루에서 명월을 희롱하다 ……………………………………… 78

평양성 유람

대동강 뱃놀이 ………………………………………………………… 84
- 쥘부채 #7 김일성과 홍명희, 대동강 뱃놀이를 하다 ………… 90

창광산에 사는 그대여 ……………………………………………… 92
- 쥘부채 #8 창광산은 지금 ……………………………………… 96

달밤 연광정, 피리를 부노라 ············· 98
부벽루, 세상바다의 한 척 배 같네 ············104
- 쥘부채 #9 부벽루 중수기 ············108

영명사에 등불 켜는 여인 ············112
- 쥘부채 #10 3박4일 평양관광 코스 짜줘요! ············120

부벽루 아래 뱃놀이로 밤새우다 ············124
- 쥘부채 #11 취유부벽정기············132

을밀대, 신선의 옥피리 소리 들리고 ············134
- 쥘부채 #12 기성(평양) 8경 ············138

금수산, 빼앗긴 이름에도 봄은 오는가 ············142
- 쥘부채 #13 금수산태양궁전············148

선연동에 묻힌 꽃다운 넋이여 ············152

보통문 나루에서 손님을 전송하다 ············158
- 쥘부채 #14 보통강변의 호화 빌라단지 ············162

청류벽 길을 오르며 ············166
- 쥘부채 #15 청류벽의 안부 ············174

천년의 절창, 임을 보내며 ············176
- 쥘부채 #16 서해갑문, 동서대운하의 시작인가············182

3부

평양기생 주특기

능라도, 선녀가 비단을 씻듯이 ·············186
- 쥘부채 #17 능라5.1경기장의 명암 ·············190

평양기생 주특기 ·············194

평양 제일! 한량의 전설 ·············206
- 쥘부채 #18 『녹파잡기』, 평양기생 66명을 인터뷰하다 ·········212

평양검무, 추강월의 춤사위 ·············214
- 쥘부채 #19 평양검무 1인자, 최승희의 춤사위 ·············220

임을 보내며 2 ·············224
- 쥘부채 #20 계월향에게 ·············230

수양버들은 왜 쉽게 시드는가 ·············232
- 쥘부채 #21 이별의 정표, 그림 속의 버들가지 ·············236

후기 평양몽을 위하여 ·············238
부록 참고자료 ·············242
조선시인 인명록 ·············244

평양성 주요 연대기

국내외 정치 관련		평양 역사 관련
고구려 장수왕 평양 천도	439	
신라 삼국통일	676	
고려, 후삼국 통일	936	
	1325	기자사/숭인전 건립
	1392	조선 건국
	1425	단군사당 건립
	1576	대동문 중건
	1590	평양관부도(윤두수)
임진왜란	1592	
	1593	평양성전투
정묘호란	1627	
병자호란	1636	
	1710	평양성 중성 축조
	1730	평양관부도 2차(윤유)
	1811	홍경래의 난
	1866	제너럴셔먼호 사건(박규수)
갑신정변	1894	
러일전쟁	1904	평양 풍경궁 건설 중단
해방	1945	평양 소련군 진주
한국전쟁	1950	
	1972	7.4 남북공동성명
	1986	서해갑문 준공
서울올림픽	1988	
	1989	평양 세계청년학생축전
러시아연방 해체	1991	남북 유엔동시가입
	1994	김일성 사망
남북정상회담	2000	남북정상회담 (김대중/김정일)
남북정상회담	2007	남북정상회담 (노무현/김정일)
	2011	김정일 사망
	2012	남북정상회담 (김정은 집권)
남북정상회담!~3차	2018	남북정상회담 (문재인/김정은)
남북미정상회담	2019	

주요 누정 및 유적

❶ 재송원 ❷ 영제교 ❸ 십리장림 ❹ 대동강 ❺ 대동문 ❻ 대동관 ❼ 연광정
❽ 을밀대 ❾ 모란봉(금수산) ❿ 부벽루 ⓫ 영명사 ⓬ 청류벽 ⓭ 칠성문

• 1730 평양관부도(平壤官府圖)

⑭ 기자묘 ⑮ 선연동 ⑯ 능라도 ⑰ 양각도 ⑱ 기자정(기자정권) ⑲ 숭인전
⑳ 무열사 ㉑ 보통문 ㉒ 보통강

평양
고지도

해동지도 평양부(서울대학교 규장각 한국학연구원 소장)

평양관광지도(Map of Central Pangyang)

권두시

풍류도시 평양을 그리며

– 박 하

1

재송원 지나 영제교 건너 말 타고 가던 길

휘늘어진 실버들 사이로

봄볕에 대동강물 아른아른 비치고

외길로 뻗은 십리장림

옛 선비들, 말馬 위에서 주거니 받거니

수창시* 메기며 가던 그 길

'여봐라, 길을 비켜라',

권마성* 앞세우고 대동관에 들렀다가

풍월루 오르던 그 길,

신관 평안감사 행차길 따라
가볼 날은 언제인가

우리네 할아버지, 할머니의 고향
선조의 땅 평양에 가는데
누구의 허락을 받고,
누구는 가고 누구는 못 간단 말인가

오래오래 꿈꾸던 풍류도시 평양,
지척인데도 그리기만 하다 만단 말인가

2

아직도 선연한 그 장면,
백두산 천지 앞에서 두 손 맞잡고 치켜든 그 분들,
칠천오백만 겨레 앞에 맹세가 아니던가
둘이 앞장서 금방이라도

활짝! 통일의 문 열어젖힐 것 같더니
대관절 그동안 뭔 일이 벌어졌단 말인가
설마하니 천지 앞에서
한바탕 맹세 시늉이라도 벌였단 말인가

남북의 수반이여
부디 하루빨리 만나기를
명분도 타산도 따지지 말고
일천만 이산가족, 숨통부터 틔워주기를
빼앗긴 이름 금수산에 봄이야 오든 말든
하늘 높이 주체의 봉홧불이야 타오르든 말든
옥류관 들러 평양냉면 먹고 싶소
대동강 숭어국에 평양온반 먹고 싶소

모란봉 을밀대에 오르고
휘영청 달밤, 영명사 부벽루에 올라
달구경 할 날은 언제일까?
능라도에서 양각도, 두루섬까지

밤새워 뱃놀이를 할 날은 언제일까?
이승 떠나기 전, 평양 유람의 꿈,
언제까지 기다려야 한단 말인가
정녕 기적을 빌어야만 한단 말인가

---

* 수창시酬唱詩 : 시가詩歌를 주고 받으며 짓는 시
* 권마성勸馬聲 : 교군들이 귀인의 행차에 가마를 메고 가며 목청을 길게
  빼어 부르는 소리

글머리에

대동강 풍류, 어찌 다 정지상에게 맡기랴

'풍월은 본디 주인이 없는데 어찌 다 정지상에게 맡기랴'
(風月本來無定主 豈應全屬鄭知常 – 金漸(1695~?))

『서경시화西京詩話 – 평양의 시와 인물들』(김점 지음, 장유승 옮김)에 나오는 구절이다. 알다시피 정지상鄭知常(?~1135)은 고려 중기 시인으로 '임을 보내며送人'를 지었다. '송인'은 고려 중기 이후, 조선시대 내내 평양 풍류를 대변하는 시였다. 평양기생은 물론이고, 평양을 찾는 시인묵객들도 하나 같이 편애했던 시다. 소위 '시대불문 단골 레퍼토리'였다.

그런데 '듣기 좋은 꽃노래도 한두 번'이라며 감히 반기를 든 문사가 있었다. 조선중기 김점이란 평양 출신 문사였다. 다시 말해, 평양 풍류를 노래한 절창들은 정지상의 '송인' 말고도 얼마든지 있다는 취지였고, 그 주장의 근거로 평양 관련 절창 시편들을 속속들이 모은 뒤, 한 권의 책으로 엮었다. 바로 『서경시화』다.

'대동강 강물은 언제나 마를까 / 이별 눈물 해마다 푸른 물결에 보태지는데'(大同江水何時盡 / 別淚年年添綠波)

정지상의 송인送人의 이 구절은 고려 중기 이후, 조선 후기까지 불변의 레퍼토리였다. 물론 정지상의 '송인'은 세월이 가도 빛나는 고전古典처럼 영원한 것이지만 언제까지나 '송인' 홀로 평양의 풍류를 독점할 수는 없지 않은가. 그래서 김점의 반기가 더욱 빛나 보이는 것이다.

남과 북이 분단된 지 어느덧 78년이 흘러가고 있다. 그 세월 동안 남북은 얼마나 변모했을까? 서울은 서울대로 평양은 평양대로 외형적인 변화를 거듭해왔다. 서울은 세계인으로부터 '한강의 기적'을 주도한 도시로 불리었고, 평양은 80년대까지만 해도 '사회주의의 이상 도시'로 불리기도 했다.

남북통일을 남과 북의 청춘남녀 사이 결혼에 비유하는 이들이 있다. 통일이 최종 목표인 결혼이라고 한다면, 그 이전에 둘 사이 교제하는 연애 과정이 반드시 필요하다는 말이다. 연애는 각각 다른 환경에서 성장한 두 남녀가 서로를 알아가는 과정이다. 당장의 통일을 꿈꾸기보다 화해와 교류가 먼저다. 우선 2008년 이후 중단된 개성공단을 되살리는 일이다. 화해하고 교류하다보면 상호 입장 차이가 좁혀지고 정서적 공감대도 높아질 것이다. 그러다 보면 38선 같은 물리적 장벽 이전에 마음속의 장벽부터 사라질 것이다.

다음으로 정서적 공감을 높여가는 길은 문화 예술 공연을 교류하는 게 큰 도움이 될 것이다. 남북의 정서적 뿌리인 선조들이 남긴 문화적 자산을 소환하는 게 효과적일 것이다.
이 책은 조선시대 평양을 무대로 한 절창 한시들을 소개한다. 한

시의 무대는 대동강, 연광정, 부벽루, 을밀대, 모란봉 등이다. 하나 같이 익숙한 이름 같지만 정작 그 실체는 흐릿하다. 이 책에서는 평양의 풍류무대가 당대에는 어떤 모습이었고, 지금은 과연 어떻게 변했는지 살펴보고 있다.

한국전쟁 당시 초토화된 평양은 2023년 1월 현재, '평해튼'이란 별명이 등장할 정도로 면모를 일신했다. 풍류무대 평양의 변화에 대해 위성사진(구글어스)을 통해 탐사를 시도해보았다.

'구글어스로 옛 시 속 평양 산책', 이 책의 부제다. 옛 시를 통해 단순히 평양의 풍류무대를 소개하는데 그치지 않고, 그 무대가 지금은 어떻게 변했는지, 즉 2023년 1월 현재, 평양의 도시 경관 변화에 이르기까지 실체 탐사를 시도했다. 이 책의 미덕은 다음 세 가지로 요약할 수 있다.

첫째, 평양의 명승지에 대한 역사·문화적 이해를 높여준다.

연광정, 부벽루, 영명사, 모란봉, 을밀대는 기본, 불야성으로 즐기던 대동강 뱃놀이, 빼앗긴 이름 금수산 등. 풍류 무대의 변화를 구글어스를 통해 추적해 본다.

둘째, 평양의 도시 경관과 그 변화를 함께 탐사한다.
 평양은 '평해튼'이라 불린다. 가로변을 따라 열병식을 하듯 '보란 듯이' 솟은 초고층 도시, 평양을 극장국가의 무대라고도 한다. 하지만 평양의 뿌리를 더듬어 가면 조선시대 평양성에까지 이어져 있다. 조선시대에도 평양은 중국 사신들에게 '보란 듯이' 평양이었다.

셋째, 평양의 미래 잠재력에 대한 이해를 높여준다.
 김일성은 남한이 1988년 서울올림픽을 유치한데 대해 깜짝 놀란 나머지 서둘러 1989년 제13회 세계청년학생축전을 유치한다. 능라도 5,1경기장은 이 축전을 치르기 위한 전용스타디움으로 건설되었다. 대회의 성공을 위해서는 지하철 건설이 필수였다. 서평양에서 대동강 아래 하저터널을 건설하여 5.1경기장을 경유하여 동평양의 외교단지까지 '보란 듯이' 지하철 건설을 강행했다. 안타깝게도 1987년 하저터널 공사 도중 붕괴사고가 나는 바람에 지하철 공사는 중단되고 말았다.

필자는 시인이자 건설 분야 기술사이다. 시인의 감성과 건설엔지니어의 눈으로 인문학과 공학의 조화를 꾸준히 시도해오고 있다. 그 일환으로 최근에 북한 관련 2권의 저서를 낸 바 있다. 첫 번째 책은 『북한의 도시를 미리 가봅니다』(가람기획, 2019). 두 번째 책은 『평양의 변신, 평등의 도시에서 욕망의 도시로』(도서출판 은누리, 2021)이다. 이 책은 그 연장선으로 평양관련 세 번째 책이다.

이 책을 내기까지 크게 도움받은 곳들이 있다.

「한국고전종합DB」(한국고전번역원), 신광수 저, 이은주 역 「관서악부」(아카넷), 「평양의 옛지도」(서울학연구소 평양학연구센터) 등이다.

이 책들을 비롯하여 선학들의 연구 덕분에 건설엔지니어인 필자가 감히 '피양 풍류'를 해설할 수 있었다.

평양은 가까운 미래다. 이 책의 시도가 '냉골 평양'에다 군불을 지피는 불쏘시개가 되기를 소망한다.

2023년 3월
금정산 기슭에서 저자 드림

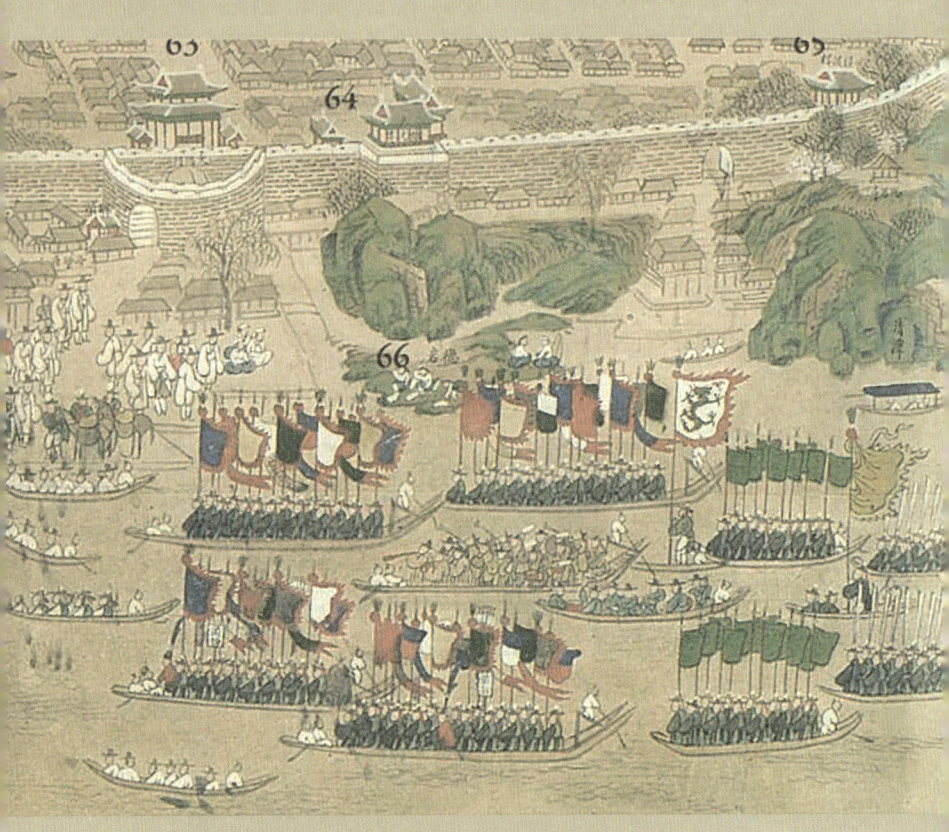
기성도병(8폭 중 일부, 19세기, 견본채색, 병풍, 서울역사박물관)

평안감사 행차길 따라

1부

우주희 作, 평안감사행차도 (우주희 작가 제공)

평안도 관찰사는 누구인가?
1395년(태조 4)에 처음으로 설치하고 감영을 평양에 설치하였으며,
도내의 행정·사법·군사의 사무를 총괄하고 관하 부윤·목사·
부사·군수·현령 현감을 지휘 감독하였으며
또한 평안병마절도사와 평안수군절도사를 겸임하였으며
또한 평양부윤을 겸직하였다.

- 한국역대인물 정보시스템

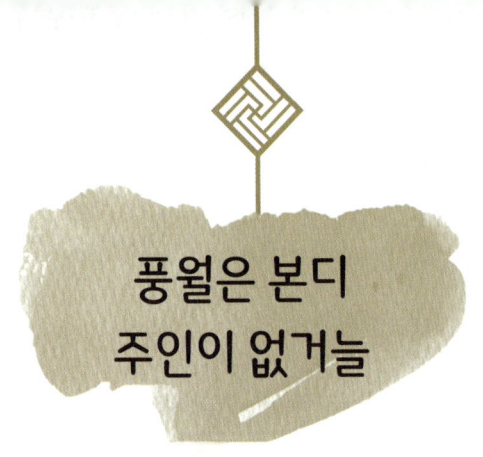

풍월은 본디 주인이 없거늘

평양은 한나라 당나라에 부끄럽지 않고	西京不愧漢兼唐
천고의 시선들은 뼈마저도 향기롭네	千古詩仙骨亦香
풍월은 본디 주인이 따로 없으니	風月本來無定主
어찌 다 정지상에게만 맡기랴	豈應全屬鄭知常

– 『서경시화』 중, 遇興, 金漸

 평양을 대표하는 한시 단 한 수를 꼽으라면 무엇을 들 것인가? 십중팔구는 정지상鄭知常(? ~ 1135)의 '송인送人'을 들 것이다. 정지상이 누구인가? 고려중기 시인으로 지금으로부터 무려 890년 전의 인물이다. '송인送人'이란 절창 시 한 수로 인해 그는 한국시문학사의 불멸의 별이 된 인물이다.

〈평안감사부임도〉 8폭(서울대학교박물관)

능라도에서 판소리 공연 장면. 광대그림 옆에, '모흥갑'이라고 적혀 있다.
모흥갑은 당대 최고의 소리꾼이었다.

비 개인 강둑에 풀빛 짙은데	雨歇長堤草色多
임 보내는 남포엔 슬픈 노래 울리네	送君南浦動悲歌
대동강 물은 언제나 마를까	大同江水何時盡
이별 눈물, 해마다 푸른 파도에 더해지는데	別淚年年添綠波

— 송인, 정지상

이 시는 조선 후기까지도 평양의 풍류를 대변했다고 해도 과언이 아니다. 이 시는 연광정, 풍월루 등 연회의 무대에서 평양기생들이 가야금 반주에 맞춰 노래했고, 선비들 역시 시조창으로 또는 차운하여 시를 지었다.

이 시에 대한 자부심이 얼마나 대단했던지, 중국 사신이 평양에 올 때면, 이 시판만을 걸어두고 다른 시편은 숫제 떼어버렸다고 한다. 이 시를 볼 적마다 중국 사신들은 예외 없이 극찬했다고 하니 말이다.

이런 세태에 감히 반기를 든 문사가 있었다. 바로 평양 출신 김점 시인이다. 그는 평양을 노래한 시편들 중에 절창들을 골라 『서경시화西京詩話』라는 책을 엮었고, 그 속에 이 시 '풍월은 본디 주인이 없거늘遇興'이 들어있다.

본문을 보자. 서경은 조선시대 평양의 별칭이었다. 평양은 한나라의 문장과 당나라의 시, 한대와 당대 문학을 겸해서 비교한다고 해도 결코 부끄럽지 않다고 한다. 정말 두둑한 배짱이 아닐 수 없다. 그만큼 평양 출신 문사들에 대한 자부심이 대단했다는 말이다.

물론 드러내놓고 표현은 안했지만 그 자부심의 이면에는 평안도 사람 차별에 대한 일종의 항변이기도 하다. 화자 김점의 이력을 봐도 그가 평안도인 차별의 희생자일 수도 있다는 생각이 들기 때문이다. 김점은 1721년 진사시에 합격하여 성균관에 입학했으나 이후 문과에는 급제하지 못했다. 어떤 연유였는지는 몰라도 그는 이후 관직에 나가지 않았다. 하지만 그가 80세 때 평안감사로 부임한 채제공과도 교류할 정도로 문명이 높았다고 하니 그의 자부심을 짐작하고도 남겠다.

당시 풍조는 평안도 출신이라면 과거 급제자라도 대놓고 '평한平漢', 즉 '평안도 놈'이라 했다고 한다. 이런 세태 풍조는 급기야 1811년 '홍경래의 난'을 초래했던 배경이기도 하다. 여기서 잠시 홍경래의 난 당시 격문의 일부를 인용해 본다.

평서대원수平西大元帥(홍경래)는 급히 격문을 띄우노니 우리 관서關西의 부로자제父老子弟와 공사천민公私賤民은 모두 이 격문을 들으시라. 무릇 관서는 기자箕子의 옛 터요, 단군 시조의 옛 근거지로 훌륭한 인물이 넘치고 문물이 번창한 곳이다. ……(중략)…… 그러나 조정에서는 서토를 버림이 썩은 흙糞土이나 다름없다. 심지어 권세있는 집의 노비들도 서로의 인사를 보면 반드시 평안도놈平漢이라 일컫는다. 서토에 있는 자가 어찌 억울하고 원통치 않은 자 있겠는가. ……(중략)…… 이제 격문을 띄워 먼저 열부군후列府君侯에게 알리노니 절대로 동요치 말고 성문을 활짝 열어 우리 군대를 맞으라. 만약 어리석게도 항거하는 자가 있으면 기마병의 발굽으로 밟아 무찔러 남기지 않으리니 마땅히 명령을 따라서 거행함이 좋으리라.

– 홍경래의 난 당시 격문 일부

추측건대, 홍경래의 난은 김점의 『서경시화』 이후, 얼추 50년이 지난 시점일 것이다. 그래서 김점의 이 시가 더욱 빛나 보인다는 점이다.

평양 출신 천고의 시선들은 앙상한 뼈마저 향기롭다^{骨亦香}고 한다. 세상에 이런 극찬이 어디 있단 말인가?

이런 주장에 대한 근거로 화자 김점은 위 시를 쓴 뒤, 『西京詩話』란 벽돌책같이 두꺼운 평양 시편 집성 겸 시비평서를 엮었던 것이다.

『서경시화西京詩話』

서경시화(장유승 역)

조선 후기 평양 출신 문인 김점 金漸(1695~?)의 『서경시화西京詩話』와 별권의 부록편인 『칠옹냉설漆翁冷屑』을 '서북지역문인' 연구로 학위를 받은 고전문학자 장유승이 현대어로 옮기고 주해와 서설을 단 책이다.

고대부터 18세기 초까지 평안도 지역문인과 작품들을 통시적으로 정리하여 그 자체로 하나의 체계적인 지방문학사를 구성했다. 지역의 문학을 정리하겠다는 확실한 목적의식 하에 편찬된 조선시대 시화서로는 이 책이 유일하다.

– 출판사의 '책 소개' 중에서

필자는 이 책을 처음 접하면서 신선한 충격을 받았다. 아마도 평양에 관심을 가진 분들이라면 으레 정지상의 '송인'을 알 테다. 만약 '송인=평양 풍류의 상징'이라고 생각했던 분들은 이 책을 처음 대한다면 필자처럼 신선한 충격을 받을 것 같다.

이 책 속에서 만나는 편저자의 자작시 '풍월은 본디 주인 없거늘 어찌 다 정지상에게 맡기랴'를 만난다면 고개를 끄덕이거나 무릎을 칠 분들도 계시리라 생각한다.

2023년 평양은 어떨까? 불과 100여 년 전까지 선조들이 노래하던 풍류 무대 평양은 지금 어떻게 변했을까? 옛 한시들 중 평양을 노래한 절창 시편들을 소환한 뒤, 지금 현재 평양의 변화를 위성지도(구글 어스)를 통해 탐사여행을 떠나보기로 한다.

구현고개 올라 평양성을 바라보네

산들바람에 옷소매 흔들고 말발굽 소리도 가벼워라	和風弄袖馬蹄輕
벌판 숲은 망망하고 궂은비는 개였어라	平楚茫茫宿雨晴
일만의 산천, 한눈에 안겨 오고	都捲萬山千水目
푸른 하늘 아래 바라보니 평양성일세	靑天一望大同城

– 中和駒峴望平壤城, 金澤榮

중화中和에서 평양을 가는 길에 구현駒峴 고개가 있다. 이 고개에 올라서면 저 멀리 평양성이 보인다. 구현은 황해도 황주군과 평양시 중화군 경계에 있는 고개로 해발 60m이다. 본래 평양직할시에 속한 지역이었으나, 2010년 평양직할시에서 분리하여 황해북도로 편입시켰다.

김득식, 소원도訴願圖 일부(평양조선미술박물관)

중화는 개성에서 평양 가는 길에 반드시 들러 하룻밤 묵어간다. 구현고개의 구현원에서는 신구 평안감사가 교대식을 가지는 곳이기도 하다.

구현은 '망아지 고개'라는 뜻이다. 이 고개에서 짐을 끌고 가던 말이 새끼를 낳았기에 구현이 되었다고 한다. 그 말은 얼마나 힘들었을까? 만삭의 몸으로 짐을 지고 고개를 넘다 새끼까지 낳았으니 말이다.

"사또! 저기 보이는 저곳이 바로 평양성이요! 떠나는 마당에 되돌아보니, 눈앞에 아른거리는 게 한두 가지가 아니라오. 명월이도 생각나고 계월향도 생각나고"

저 멀리 평양성이 바라보이는 곳에서, 구관사또가 신관 사또에게 관인을 넘기며 이렇게 말했지 않았을까 싶다.

화창한 바람이 소맷자락을 흔들고 말발굽소리도 경쾌해라, 벌판 숲은 망망하고 때맞춰 밤에 내리던 비도 개었다. 이른 새벽에 행차하여 이제 막 구현고개를 넘고 있다. 고개를 넘어 이제 내리막길에 들어선 듯하다. 눈 아래 만산 천수가 펼쳐지고, 푸른 하늘 아래 대동성, 즉 평양성이 바라보인다고 한다. 목적지 평양성이 바라보이는 구현고개에서 한숨 돌릴 때, 화자 창강 선생의 설레는 기분이 잘 나타나 있다.

한편 공무를 띤 여행일 경우, 혼자 가는 법은 없다. 하다못해 말구종으로 하여금 말고삐를 잡게 해야 한다. 일본으로 가는 통신사 사절단이나 중국 베이징으로 가는 연행사절단은 규모가 어마어마했다. 따라서 사행단이 이동할 때는 길가에 구경꾼들도 많았다. 사행단의 인원도 최소 100명에서 많게는 300여 명에 이르고 행차 모습도 장관이었다. 온갖 채색 깃발에다 말을 탄 관리와 짐바리를 실은 당나귀 등이 장사진을 이루고 이동하기 때문이다. 그래서 지방수령들은 행차의 안전과 이동 속도를 보장하기 위해 구경꾼들을 제지해야 될 책무가 있었다. 일례로 구현고개를 통과하는 칙사, 즉 중국사신단에 대한 배려가 어떠했는지 알 수 있는 기록을 옮겨본다.

칙사(중국사신)를 접대하는 여러 가지 거행 등에 관한 사항을 아뢰겠습니다. 구현駒峴에서 황주까지가 40리인데, 금훤장교禁喧

김홍도의 〈연행도〉 제9폭 조공朝貢의 부분도. 조선의 사절단(오른쪽 아래)이 공복을 입고 청 황제의 궁궐 밖 행차를 공경해 맞는 장면을 묘사한 그림

將校가 1리 정도의 간격으로 늘어서 있어 서로 바라다 보이는 거리에서 한 사람도 구경하는 폐단이 없었습니다.

길가의 가사家舍에 바자笆子를 둘러친 것은 관서關西와 같았고, 체마소와 관소는 방비가 지극히 엄하여 시끄러운 소리를 들을 수 없이 고요하였으며, 기치와 전배의 따위는 빨리 가거나 천천히 갈 때에 모두 혼란스럽지가 않았습니다. 다담茶啖과 반봉飯奉은 주참主站과 병참竝站이 한결같았고, 관소에 진설한 병장屛帳과 위배圍排는 관서와 비교해서 또한 차이가 없었습니다.(하략)

- 정조실록(정조 10년 1786년 8월 25일) ; 원접사 김화진金華鎭, 황해 감사 엄사만嚴思晚, 별군직 이유경李儒敬이 각각 칙사 행차의 상황에 대해 치계하였다.

위 기록은 중국사신이 한양으로 오는 길에 원접사 김화진 일행이 마중을 나갔고, 당시 상황을 전통문으로 조정에 보고한 내용이다. 구현고개에서 황주까지 40리 길 위에 1리, 즉 400m 간격으로 장교를 배치했고, 마을을 지나갈 때는 집들과 마을사람들을 가리기 위해 바자 울타리를 둘러치기까지 했던 것을 알 수 있다.

창강 김택영은 개성 출신으로 대한제국 당시 평양의 별궁 풍경궁(1904)의 참서관을 지냈다고 한다. 하지만 창강이 풍경궁 참사관이었다는데 정작 창강 본인의 글은 찾을 수가 없었다.

창강은 1905년 을사보호조약 이후, 중국으로 망명하여 독립운동을 했다고 한다. 아마도 이전에 평양을 유람한 뒤, 남긴 한시들이 부임에 상당한 영향을 준 것으로 보인다.

평안감사 행차길
– 한양에서 평양까지 노정

옆의 그림은 의주대로 상의 역참(역원)을 보여준다.

사행단의 일일 노정은 대게 50리(약 20km) 전후이다. 높은 고개가 있을 경우, 30~40리였고, 길이 평탄할 때는 하루에 70리도 갔다.

역참의 객관에서는 역마를 교체하며 대개 하루를 묵었지만, 평양에서는 2박 3일을 묵었다. 중국 연경으로 가는 중국 사신이든 우리 사신이든 간에 이들에 대한 접대 책임은 평안감사에게 있었던 것이다. 다시말해, 평양 풍류의 팔할(80%)은 '접대용 의례행사'라고 할 수 있다.

역참 간의 거리는 다음과 같다.

> 고양高陽 벽제관碧蹄館 40리 ▶ 파주坡州 파평관坡平館 40리 ▶ 장단長湍 임단관臨湍館 30리 ▶ 송도松都 태평관太平館 45리 ▶ 김천金川 금릉관金陵館 70리 ▶ 평산平山 동양관東陽館 30리 ▶ 총수葱秀 보산관宝山館 30리 ▶ 서흥瑞興 용천관竜泉館 50리 ▶ 검수劍水 봉양관鳳陽館 40리 ▶ 봉산鳳山 동선관洞仙館 30리 ▶ 황주黃州 제안관齊安館 40리 ▶ 중화中和 생양관生陽館 50리 ▶ 평양平壤 대동관大同館 50리

대동강 초입, 영제교를 지나가다

긴 숲은 오월이라 녹음이 고루 짙고 長林五月綠陰平
십리길 쌍교(가마) 행차 앞에 소리 높이 외치는 十里双轎勸馬声
권마성
영제교 다리목에 삼백 명 기생들, 永済橋頭三百妓
노란 적삼에 양쪽으로 늘어서 반겨주네 黃衫分作両行迎

- 關西樂府 其六, 申光洙

중화의 구현고개에 올라서면 저 멀리 평양성이 보인다. 고개를 다 내려오면 영제교가 나타난다. 다리 너머 십리장림이 시작된다.

십리쌍교十里双轎란 무슨 뜻일까? 신관 사또 평안감사 행차는 선두인 쌍교(말 두 필에 실린 가마) 행차 뒤로 육방관속, 풍악대

말馬 두 마리가 싣고 가는 가마轎 쌍교双轎이다.(정조의 「화성능행도」 중에서

등 행렬이 십리에 걸쳐 있다는 말이다. 여기서 권마성은 ' 행차 행렬 맨 앞에서 외치는 소리이다.

원활한 행차를 위해 행인들을 비켜나게 하는 소리, 즉 '물렀거라~ 길을 비켜라~'하는 벽제소리의 일종이 권마성勸馬声이다. 다리목에 환영 인파가 샛노랗다. 노란 저고리 차림 관기들이 마치 치어리더들처럼 양쪽으로 도열해 있기 때문이다. 그 숫자가 무려 300명이란다.

평양지에 기록된 교방 소속의 기녀는 180명이었다. 물론 시대 따라 증감이 있었는데, 위 시에 나오는 300명은 어디서 연유했을까? 단순 과장인지 아니면 당시에는 그 정도였는지 당장 확인하기는 어렵다. 평양교방 기녀는 평안도 감영 소속의 관기인 영기營妓와 평양부 소속의 부기府妓로 나뉜다고 한다. 물론 접대연의 규모에 따라 싱부상조를 했을 터이다.

평양은 예나 지금이나 도시 전체가 공연무대다. 대동강은 뱃놀이 무대, 평양성의 누정들은 연회용 무대들이다. 연광정, 부벽루, 을밀대, 모란봉 등. 21세기에도 무대 전통은 여전하다. 김일성광장, 능라5.1경기장, 대규모 음악극과 카드 섹션, 군사퍼레이드 등…… 북한을 일명 '극장국가'라고 하고, 평양을 일러 '극장국가의 주무대'라고 한다. 그 뿌리가 조선시대의 평양에까지 닿아있는 것 같다.

영제교는 석교石橋로서 평양 고지도에도 나온다. 평양지도에 보면, 영제교가 있던 곳에 여전히 교량이 있고, 동네 이름도 '영제동'인 걸 알 수 있다. 후대에는 영제교 대신 '안경교'로 불렀다고도 한다. 그렇다면 아치교 형태로 개축을 했던 것으로 보인다.

십리장림과 영제교(해동지도 평양부)

영제교 위쪽으로는 '양각도 다리', 아래쪽에는 '충성의 다리'가 있다. 지금 십리장림 길은 선교강안 거리로 바뀌었다. '船橋'라는 이름은 양각도에 배다리가 놓여있었다는 사실을 말해 준다.

그렇다면 평양의 배다리는 언제 등장했을까? 언뜻 생각하면, 18세기 후반일 것 같다. 왜냐하면, 1795년 정조임금의 화성 행차 당시 한강에 배다리를 놓았으니 평양 역시 그 어름일 것 같기 때문이다. 하지만 아니었다. 왕조실록이나 윤두수의 『평양지』에도 대동강 배다리 기록은 찾지 못했다.

대동강 배다리가 최초로 등장한 시점은 언제일까? 1894년 청일전쟁 당시 기록화에 배다리가 나타나 있다는 점이다. 또한 1920년대로 추정되는 일제강점기 흑백사진에도 대동강 배다리가 보인다는 점이다. 배다리를 상시 설치해 놓을 경우, 장점도 많지만 단점도 많기 때문이다. 우선 장점이라면 강을 건널 때 뱃사공을 불러 나룻배를 타지 않아도 언제든지 건널 수 있다는 점이다. 행인이든 우마차든 간에 지속적으로 이동과 운송이 가능하다는 점이다.

이와 달리 단점은 배다리는 강물 위에 배의 운항을 막는다는 점이다. 다음으로 홍수가 나면 쎈 물살에 떠내려간다는 점이다. 해체와 조립에 인력 동원이 상당하다는 점 등을 들 수 있겠다.

한편 16세기 평양에는 교량이 전부 18개가 있었다. 물론 대동강만이 아니라 보통강 위의 다리까지 포함한 숫자이다. (*신증동국여지승람 평양부 교량).

그런데 지금은 몇 개나 될까? 대동강에 6개, 보통강에 5개(?)이다. 전체 숫자로 보면 교량 개수가 11개 정도로 줄었다. 그렇다면 북한당국이 기술과 재원이 없어 교량을 못 짓겠는가? 절대 아니다! 추측건대, 인민들의 이동을 제한하기 위해 교량 건설을 제한하는 게 아닐까? 그런 뜻에서 평양은 여전히 왕조시대 성곽도시처럼 대동강은 평양성을 에두른 해자 역할을 하고 있는 셈이다.

영제동은 조선시대 영제교가 놓여 있던 곳이다. 영제교를 건너면 십리장림이 시작된다. 십리장림 속을 통과하고 나면 대동강 나루에 배를 타고 건너편 대동문으로 들어간다. 대동문을 통해 평양성을 들어가 객관 대동관에 묵는다.

평양의 다리

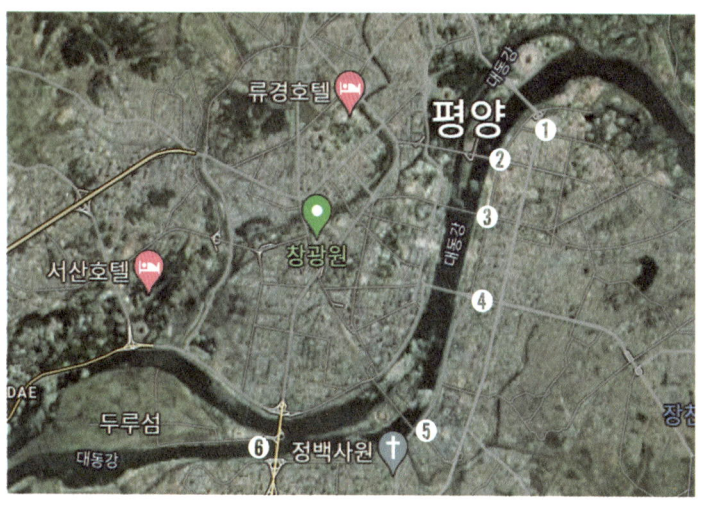

대동강 본류에는 다리가 6개 밖에 없다.
❶ 청류교 ❷ 능라교 ❸ 옥류교 ❹ 대동교 ❺ 양각교 ❻ 충성의 다리

  다리는 한자로는 교량이다. 조선시대 공식 문자는 한자로써 다리라는 말보다 교량을 훨씬 많이 썼다. 그 관성이 지금도 남아있는 셈이다.

조선시대 평양에는 다리가 몇 개나 있었을까?

(평양성의) 내성內城·중성中城 등 18곳에 다리가 있다.

보통교普通橋 보통문 밖에 있다. 영제교永濟橋, 돌로 쌓았는데 남쪽으로 15리, 앵포천鶯浦川에 있으며, 중화中和로 통한다.

주교舟橋 서쪽으로 20리이다. 대제교大濟橋 위와 같다. 관선교觀仙橋 남쪽으로 30리에 있다. 광제교広濟橋, 일명 적교狄橋라고도 한다. 서쪽으로 30리 대로大路에 있으며, 강서江西로 통한다.

동천교銅川橋, 서쪽으로 55리 대로에 있으며, 강서로 통한다. 개동교介同橋, 서쪽으로 30리에 있다. 둔전평교屯田坪橋, 돌로 쌓았는데, 서쪽으로 50리 대로에 있으며, 증산甑山으로 통한다. 강동교江東橋 북쪽으로 20리에 있다.

청수교青水橋, 위와 같다. 슬화천교瑟和川橋, 북쪽으로 15리에 있다. 왜현교倭峴橋, 동쪽으로 15리에 있다. 천강교天降橋, 외성外城의 북쪽에 있다.

-『신증동국여지승람』 1530 평안부

평양성도平壤城圖 중의 영제교(10폭, 19세기말, 국립중앙박물관)
영제교는 돌로 쌓았는데 평양부의 남쪽 15리에 있다.

2023년 1월 현재, 대동강에는 몇 개의 다리가 있을까?

위에서부터 청류교, 능라교, 옥류교, 대동교, 양각교, 충성의 다리, 그 외에 대동강철교가 양각도 옆에 놓여있다. 본류에 모두 여섯 개가 있고, 영제교, 보통교 등 지류까지 포함하면 약 11개이다. 『신증동국여지승람』 평안부 기록에 의하면, 16세기 평양에는 모두 18개의 다리가 있었다. 그런데 500년이 지난 지금 다리 숫자는 지류 상의 다리 포함 11개이다. 전체 개수는 오히려 줄었다는 사실이 선뜻 이해가 안갈 정도다.

어떤 이는 옛날 다리보다 지금 다리가 훨씬 튼튼하고 너비도 넓다고 할 것이다. 물론 맞는 말이다. 그럼에도 불구하고 대동강 양안을 잇는 곳이 대폭 줄었다는 건 어떤 의미일까? 이동의 자유가 조선시대보다도 훨씬 더 퇴보했다는 사실이다. 평양의 인구는 약 300만 명으로 50년 전이나 별 차이가 없다. 달리보면, 이동의 자유를 효과적으로 통제하고 있다는 뜻이다.

한편 서울의 한강(본류)에는 다리가 몇 개나 있을까? 2023년 1월 현재, 33개의 다리가 있다. 평양보다 이동의 자유가 최소한 5배 이상이라는 뜻으로 볼 수 있겠다.

십리길 버들 숲을 지나가다

십리 맑은 강에 십리숲,	十里淸江十里林
숲이 끝나자 굽이굽이 강 마음 보이네	林端曲曲見江心
강숲은 정든 님과 이별 못내 아쉬워	江林爲惜情人別
맑은 강 가로막듯 만 겹 이랑을 드리웠네	遮斷淸江万頃陰

- 十里長林, 任百淵

위 시를 지은 배경을 아래에 옮겨본다.

"10리나 뻗은 긴 숲은 기성箕城(평양)에서 최고라 불리는 것인데, 시詩가 없을 수 없습니다."라고 하였다. 이어 임林자를 뽑고, 황파는 심心자를 뽑았다. 나 또한 음陰자를 뽑아 칠절운七截韻(칠

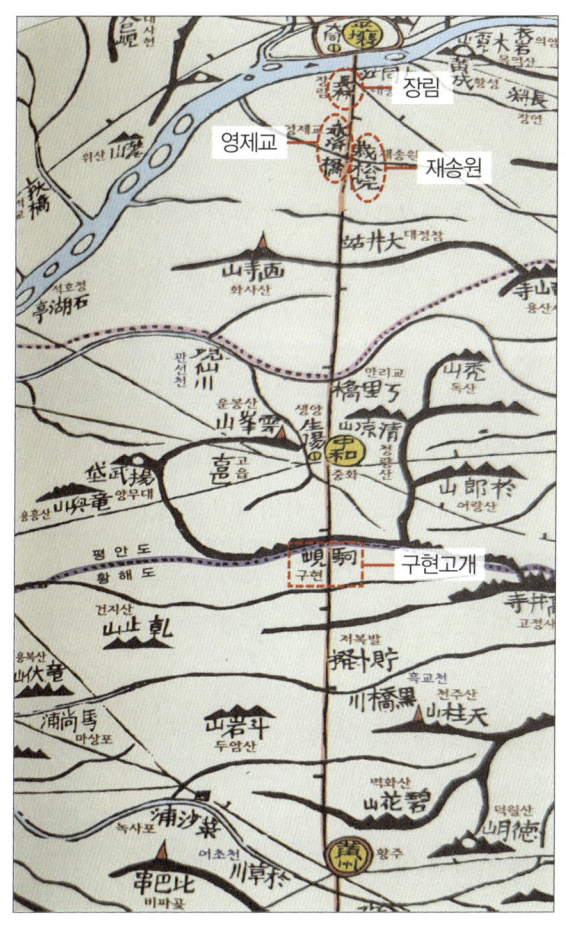

대동여지도 속 장림

언절구 운자)을 삼았다. 황파가 시를 먼저 짓고, 돌아보며 건네주면서 시를 읊조린다. 나 역시 따라서 시를 지어 길게 읊었다."

– 1836 鏡浯遊燕日錄

화자는 청나라 연경으로 가는 사절 일원으로 장림을 지나간다. 동행한 이들과 수창酬唱, 즉 즉석에서 시를 지어 주고 받았다는 말이다.

영제교를 건너자마자 긴 숲長林이 시작된다. 길 양쪽에 수양버들이 늘어서 있고, 그 길이 십 리라 십리장림이다. 사잇길을 가는 동안 왼편 숲 사이사이로 대동강이 얼비친다.

전구轉句를 직역하면, '강숲이 정인과 이별을 아쉬워한다' 즉 숲 사이 길을 따라오는 동안 행인은 숲과 정이 듬뿍 들었는데 이제 헤어져야 한다. 숲이 정든 님과 헤어지는 게 너무 아쉬워 뱃길을 가로막듯 강물 위에 숲 그늘을 만 이랑이나 드리운단다. 숲을 의인화한 발상이 기발나다.

내친김에 화답한 시 1편도 아래에 소개한다.

울창하다, 양옆으로 숲을 이루었거니	蒼蒼欝欝夾成林
그 옛날 버들 심던 그 마음 떠올리네	想像当年種柳心
성사聖師께서 끼쳐주신 그 은택 중하기에	爲是聖師遺沢重
맑은 그늘 축이 날까 버들가지 꺾지 못한다네	不因攀折損淸陰

- 십리장림, 임백연

 황파와 함께 번갈아 읊조리다 다시 노래를 부르고, 하나하나 따지면서 고담高談을 나누었다. 천천히 이에 옛일을 얘기하기도 하고 오늘일을 말하면서 인물을 품평하다 보니 저도 모르게 이미 긴 숲의 절반을 지나갔다. 수목을 양옆에 두고 가운데로 곧게 큰길이 나 있었다. 푸른 잎사귀로 녹음이 깔린 경치는 없다지만, 조각조각 얼음이 언 강이 울창한 숲 사이로 어른어른 비쳤다.
 숲이 끝나자, 한눈에 평평한 모래사장이 보이고, 모래사장이 끝나자 긴 강물이 죽 뻗어 있었다.

- 1836 『경오유연일록』

 본문에 '조각조각 얼음이 언 강이 울창한 숲 사이로 어른어른 비쳤다'고 한다. 그렇다면 계절이 이른 봄이란 말이다. 이른 봄이면

버들잎도 아직 나지 않았을텐데 울창한 숲이라니? 버들 숲이 그만큼 넓었단 말인가? 아니면 그 숲에 수양버들뿐 아니라 상록수도 섞어 있었단 말인가?

선뜻 이해가 가지 않는다. 버들가지를 꺾지 못하겠다는 말이 나온다. 본래 이별 자리에는 으레 버들가지를 꺾어 정표로 건넨다. 버들 '柳'가 머물 '留'와 발음이 흡사하기에 고대 중국에서부터 전래된 풍습이다. 하지만 화자는 버들가지가 만든 그늘이 줄어들까봐 가지를 꺾지 못하겠다고 한다.

대동여지도 상에는 대동(관/객사), 장림, 영제교, 재송원(역참). 아래쪽 중화(현)에는 객사 생양(관)이 일직선상에 표기되어 있다.

구글어스에 의하면, 십리장림은 영제교에서 대동교까지이다. 영제교에서 양각교까지는 지금도 수양버들이 울창하다. 하지만 양각교에서 대동교까지는 수양버들이 보이지 않고 휑한 편이다. 자세히 보면, 대동강 양쪽이 대비된다. 평양의 중심, 본평양(중구역)은 고층건물이 많고 건축밀도가 높다. 반면, 동평양(선교구역)은 단층짜리 창고형 건물에다 건축밀도도 낮다. 2021년부터 매년 1만 세대씩 5만 세대 살림집을 건설하는 지역은 주로 동평양 지역이다. 서울로 치면 1970년대 강남개발이 시작된 셈이다.

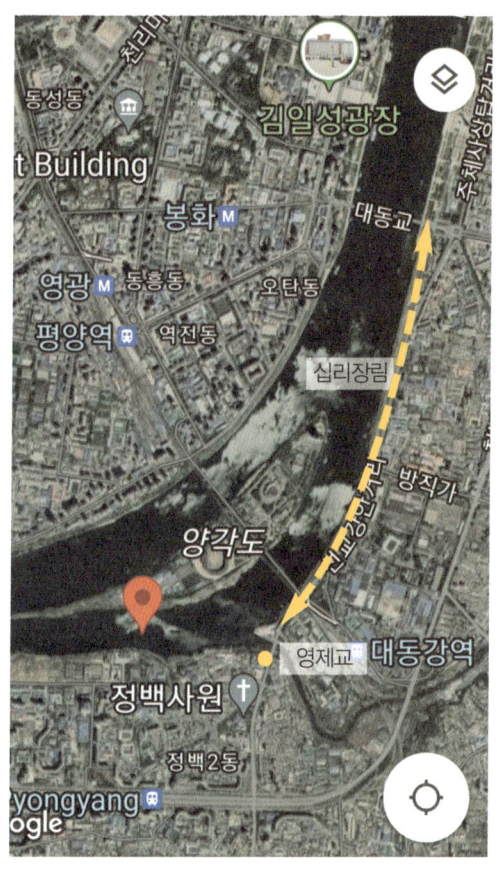

구글어스로 본 평양

풍수로 본 평양성

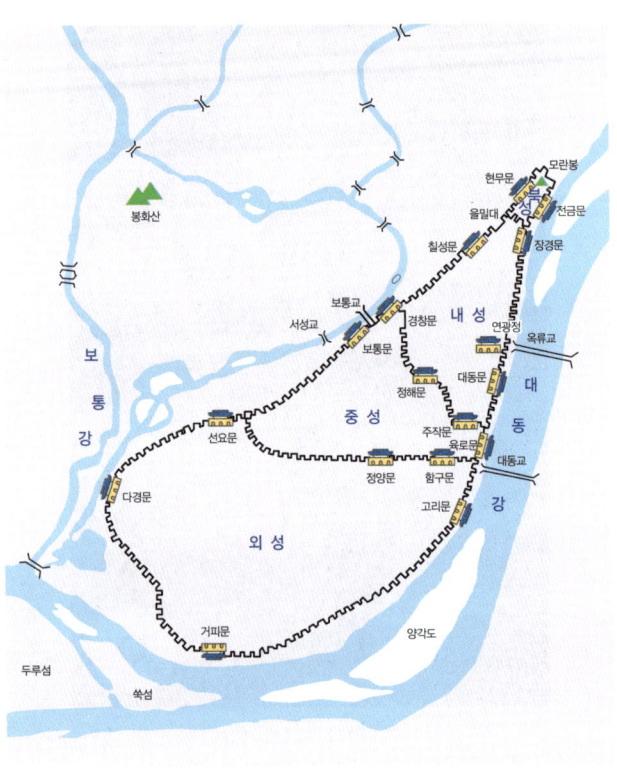

평양성은 대동강과 보통강에 둘러싸여 있다. 3면이 강에 싸여 있기에 한 척의 배와 같다. 한 척의 배와 같기에 성 안에 우물을 파면 배가 가라앉는다는 미신이 있었다. 그래서 평양성 안에 사는 사람들은 모두 다 대동강에서 물을 길어먹어야만 했던 것이다. 그 덕에 봉이 김선달이 대동강 물을 팔아먹을 수 있었던 것이다. 만약 한강도 서울을 3면으로 둘러싸고 흘렀다면 봉이 김선달이 한강마저 팔아먹었을 수도 있었을 터.

이 미신 때문에 웃지 못할 에피소드도 많았다. 한 척의 배를 닮은 평양성이 대동강 하구로 둥둥 떠내려가지 않기 위해서는 어딘가 닻을 내려 정박을 해야 했단다. 무쇠로 만든 커다란 닻을 만들어 연광정 아래 바위에 고정시킨 다음, 대동강 깊은 물속에 가라앉혀놓았다고 한다. 1925년 을축대홍수 때 끊어져버렸는데, 홍수가 물러간 뒤 강변에 드러났다고 한다. 미신을 철석 같이 믿었던 평양 사람들은 그 닻을 다시 원위치로 돌려놓았다는 이야기가 전해오고 있다.

필자는 그 에피소드의 실체를 확인하기 위해 백방으로 인터넷을 뒤졌으나 허사였다. 어쨌든 간에 '평양은 행주형行舟形'라는 미신은 근대까지 위력을 발휘했다고 할 수 있겠다.

'풍수風水'란 말은 장풍득수藏風得水에서 왔다. 즉 '바람을 가두고 물을 얻는다'는 말이다. 그러려면 배산임수背山臨水에다 좌청룡우백호左靑龍右白虎가 되어야 한다. 배산임수는 '산을 등지고 물가에 있다'는 말이다. 지극히 농경사회에 적합한 말이다. 마을에 뒷산이 있으면 북풍을 막아주는 동시에 땔감을 구할 수 있다. 마을 앞에 강이 흘러야 그 물로 논농사를 지을 수 있기 때문이다.

평양성의 뒷산鎭山은 금수산이다. 금수산에는 모란봉, 최승대, 을밀대, 부벽루, 영명사 등이 있다. 올망졸망 누정이 많은 것만 봐도 최고의 경승지라는 걸 알 수 있다.

성 안에 있는 산은 창광산, 만경대, 만수대, 해방산 등을 들 수 있다. 풍수가들 이야기로는 진산은 땅의 기운 즉 지기地氣를 저장해놓은 탱크라고 한다. 그런데 금수산은 해발 95m, 창광산은 해발 60m, 해방산은 해발 35m 밖에 되지 않으니 탱크치고는 너무 작다고 한다. 어떤 이는 평양성 동쪽에 있는 대성산이 해발 274m로 이곳이 평양의 진산이라고 한다. 그럼에도 불구하고 평균으로 치면 해발 100m 남짓이다.

어떤 이는 평양의 지기는 이미 쇠했다고 한다. 가뜩이나 지기 저장고도 작은데다 금수산의 이름마저 김일성 부자 미라 저장고(금수산태양궁전)로 바꿔버렸으니 말이다. 본래 금수산은 금빛 비단 같은 산인데 죽음의 기운으로 넘치는 미라전시관이 되고 말았다.

  그 뿐 아니다. 강의 기운은 곧 생명의 원기로 때론 잔잔히 흐르다 때론 세차게 흘러야 기운이 쌓인다. 그런데 대동강은 1986년 이후, 서해갑문 건설과 5개 내륙갑문에 의해 갇힌 물이 되고 말았다. 홍수가 나도 세차게 흐르는 광경을 보기 어렵기 때문이다.
  설상가상 2022년 현재, 대동강은 수질오염으로 몸살을 앓고 있다고 한다. 강이 살고 산이 살아야 한다. 강에는 물고기들이 춤추고, 산에는 숲이 울창해야 한다. 그런데 대동강은 어떻고 금수산은 어떤가? 생명의 기운이 약동하는가? 글쎄다.

대동문 향해 채색배 타고 가네

먼 하늘 해 저물고 흩어진 구름 많은데
채색 배船 오가나 물결은 일지않네
시월에 사신의 배, 은하수에 뜨니
대동문 밖엔 호드기 소리 모여드누나

長天日薄散雲多
彩舫東西水不波
十月孤槎浮碧漢
大同門外集淸笳

— 大同門, 李海應

　대동문은 평양성으로 들어가는 관문이다. 평양성 내성의 동문으로 평양직할시 중구역에 있다. 문루는 정면 3칸, 측면 3칸의 중층 팔작지붕이다. 6세기 중엽에 최초로 세워졌고, 조선 중기인 1576년(선조 9)에 이르러 그 자리에 새롭게 개축되었다. 1635년

김홍도(1745~1806) 作, 〈평안감사향연도〉 속의 대동문

(인조 13) 석축의 무지개문虹蜺門을 고쳤다고 한다.

  대동문의 문루에는 '읍호루挹灝樓'라는 현판이 붙어 있다. 읍호는 문루에서 손을 내밀어 대동강의 맑은 물을 떠올린다는 뜻으로 아주 시적인 표현이다. 평양성의 성문들 가운데서도 가장 중요한 성문이었다. 문 밖의 덕바위(덕암) 아래쪽에는 옛 나루터가 있는데, 고구려 때부터 조선 말기까지 배타는 사람들로 흥청거렸다고 한다. 대동문 건너편이 '선교船橋'라고 불리게 된 것도 이곳에 배다리가 놓여 있었기 때문이라고 한다.

- 한국민족문화대백과

  조선시대 한양에서 평양성으로 가는 이는 대동강을 배로 건너 대동문으로 들어갔다. 물론 중국 연경으로 가는 사행단도 이 문으로 들어갔다. 들어가서는 객사인 대동관에서 묵었다.
  위 시의 화자는 중국으로 가는 사행단의 일원이었다. 한양을 떠나 도중에 평양성에 들르는 중이다. 위 시는 배로 대동강을 건널 때 지은 것으로 보인다.
  강 건너편 우뚝 솟은 대동문 뒤로 하늘에는 해가 저물고 있다.

구름은 새털구름처럼 흩어져 있다. 단청한 배는 필시 관용선으로 공무를 띄고 대동강을 건너는 관리들에게 제공 하는 배일 것이다.

계절은 늦가을로 음력 시월로 대동강 물은 호수처럼 잔잔하여 물결도 전혀 일지 않는다고 한다. 건너편 대동문 앞에는 때 아닌 삼현 육각 소리가 울려 퍼지고 있다. 사행단을 환영하기 위해 평안도 관찰사가 취타대를 보내 주악을 연주하고 있다는 말이다.

대동강에 당도하니 날이 저물어 불을 켜들고 배가 가는데, 배의 크기는 100여 명을 수용할 정도다. 배 위에다 모정茅亭을 꾸며 붉은 칠을 하고서 현판을 써 달았는데, 왼쪽은 것은 '능라범가綾羅泛舸', 오른쪽 것은 '벽한부사碧漢浮槎'로서 10여 명의 장정이 강 건너편에서 밧줄을 끌어당긴다. 옛날에 일컫는 물에 뜬 저택浮家泛宅이라는 것이 이것인가? 대동문으로 해서 안으로 들어가니 '읍호루挹灝樓'라고 현판을 달았고, 서쪽으로 초연대超然臺를 바라보니 푸득푸득 날아가려는 듯 하였다.

- 계산기정 중에서

배 한 척의 수용인원이 100여 명이란다. 황포돛배 나룻배 수준이 아니라 일본으로 가던 통신사선 규모에 비길 만하다. 통신사선의 수용 인원은 한 척당 150명 정도였다고 한다. 지금도 대동강 유람선은 승선 인원이 100여 명이라고 한다. 배 위에 모정茅亭을 꾸민 걸 보면, 눈비가 올 경우에는 눈비를 피할 수 있었다. 배도 한 척이 아니라 두 척이 동시에 운항했고, 배의 이름도 한 척은 '능라범가'로 '능라도까지 가는 배'이고, 또 한 척은 '벽한부사'로 '은하수 위에 뜬 뗏목'으로 다분히 시적인 이름이다.

가동 방식은 격군(노젓는 사공) 대신 강 건너편에서 배의 고물에 밧줄을 매어 당기는 방식, 즉 '줄배'였다는 사실을 알 수 있다. 또한 대동강을 건너기 전의 지명이 지금도 선교船橋 구역인 걸 보면, 강물이 잔잔할 때면 나룻배를 징발하여 배다리를 놓았던 모양이다. (65쪽 '선교리船橋里' 지도 참조)

일제강점기 지도 / 대동문, 우측 아래 히라가나로 '선교리船橋里'가 있다.

지금의 대동문은 어떤가?

65쪽의 위성지도(구글어스)에서도 대동문을 볼 수 있다. 팔작지붕의 대동문은 서울의 남대문처럼 좌우로 연결된 성벽은 사라진 것으로 알 수 있다.(67쪽 참조) 대동문의 정면에는 지금도 나

일제강점기 관광엽서 속의 대동문 전경

루 시설이 보인다. 아마도 대동강 유람선이 이곳에 정박을 할 것이다. 따라서 조선시대 동안 대동강 나루터였던 그곳이 지금도 여전히 나루로 활용되고 있다는 사실이다.

변월룡 작, 대동문(변월룡은 러시아에 유학한 화가)

객사客舍와 누선樓船의 등급

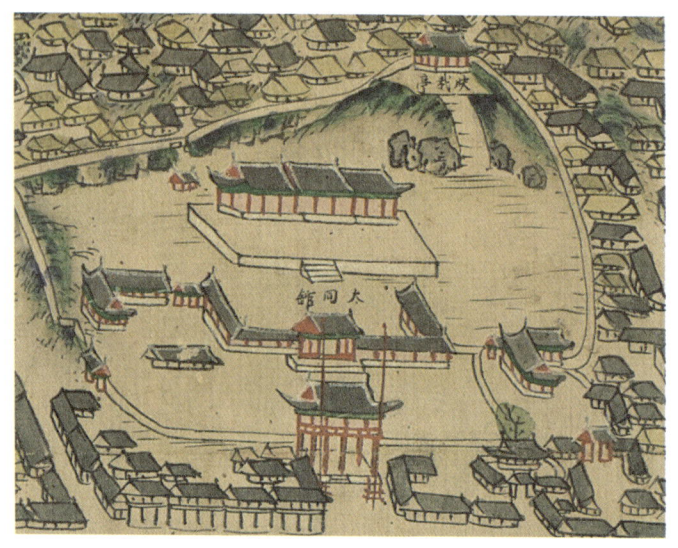

〈평양성도平壤城圖〉 10폭 병풍 中 대동관(국립중앙박물관)

평양부에서는 오랜 풍습으로 객관에서 손님을 접대할 때에 지위의 고하에 따라 각기 해당되는 처소가 있었다. 대동관 동헌과 서헌은 상객上客의 거처이고, 풍월루가 그 다음이며 청화관이 그 다음이다. 신관은 만호 및 권관과 서울로 가는 군관 종사관이 머무는 곳이었다.

비단 관아의 객사만이 그런 것이 아니라 대동강 누선도 서울로 가는 사신과 당상관 이상이 아니면 탈 수 없었다.

- 윤두수 평양지 권5(이은주 역), 214쪽

객사 또는 객관은 지금으로 치면 호텔이다. 공무를 띠고 온 관리들이나 사신들은 모두 객사에서 묵었다. 평양관부도 등 평양의 고지도에도 대동관, 풍월루, 청화관 등의 객관이 적혀 있다. 그런데 이들 객관들에도 지금의 호텔처럼 등급이 있었다. 예컨대, 손님의 지위에 따라 최상급은 별 5개 객관, 중급은 별 3개 식으로 말이다.

숙소에 등급을 두었던 것은 물론 대동강을 건너가는 배, 즉 관용선에도 손님의 지위에 따라 등급이 구분되었다고 한다. 위 기록에 의하면, 사신과 정3품 당상관일 경우, 누각이 있는 누선, 즉 강을 건널 때 비가 오면 비를 피할 수 있는 배이고, 보통 여행객일 경우, 나룻배를 타고 건넜다는 뜻이다.

대동강의 노래

이별하는 사람들, 날마다 버들 꺾네 離人日日折楊柳
천 가지 다 꺾어도 가시는 님 못 붙드네 折盡千枝人莫留
붉은 소매 아가씨들 눈물 탓에 그런가요 紅袖翠娥多小淚
뿌연 물결, 지는 해에 오랜 수심 서려있네 烟波落日古今愁

− 浿江曲, 林悌

   버들가지 꺾어 뱃길 떠나는 임께 건네주는 그곳, 위 시의 장소는 어디일까? 대동강 나루이다. 시 속에 나오는 취아翠娥는 미녀, 기녀를 가리킨다. 화자는 조선의 풍류호걸 백호 임제이다. 시의 분위기로 보아 문득 떠오르는 시가 있을 터. 바로 정지상의 시, 송

1930 대동강 나루, 건너편에 대동문이 보인다.

인送人의 분위기가 닮았다.

그렇다. 천하 한량 백호가 정지상의 송인을 몰랐을 리가 없다. 그도 그럴 것이 평양의 연광정에는 항시 정지상의 송인이 편액으로 걸려있었고, 기생들도 즐겨 노래를 불렀다고 하니 말이다.

두 시를 비교하면 어떨까? 정지상의 시는 개인의 감상이지만, 백호의 시는 한 시대 연인들의 애환을 대변하고 있다. 역시 후생가외後生可畏, 배포 면에서는 백호가 한수 위다. 한편 정든 님과 이별하는 자리엔 언제나 버들가지가 있다. 우리나라를 포함, 한자 문화권에는 거의 그렇다. 강나루에도, 천안 삼거리에도, 주막거리에도 으레 버들은 있다. 정든 님과 헤어지는 마당에는 약방감초처럼, 아니 사랑의 정표나 부적처럼 등장 하는 게 버들가지다.

대체 왜 버들일까? 버들은 가지를 꺾어 땅에 꽂아도 잘 자란다. 가지를 꺾는 것은 이별이지만, 땅에 심어 새로 뿌리를 내리는 것은 님의 곁에 내 사랑이 새로 피어난다는 의미이다.

능수버들은 사람이 만나고 헤어지는 장소, 나루터 뿐만 아니라 삼거리에도 볼 수 있었다. 예컨대, 민요 '천안삼거리'를 들 수 있다.
'천안삼거리 흥~,
능수야 버들은 흥~,
제 멋에 겨워서 축 늘어졌구나 흥~

버들의 전통은 유행가에도 면면히 이어졌다.

> 버들잎 외로운 이정표 밑에
>
> 말을 매는 나그네야 해가 졌느냐
>
> 쉬지 말고 쉬지를 말고 달빛에 길을 물어
>
> 꿈에 어리는 꿈에 어리는 항구 찾아가거라
>
> – 백년설, '대지의 항구' 1절

요즘도 우리 주변에서는 오래된 수양버들을 흔히 볼 수 있다. 그 위치를 살펴보면 나루터나 삼거리가 대다수를 차지한다.

평양의 별명은 '류경柳京', '버들도시'이다. 대동강 강변은 물론이고 보통강 강변에도 버들이 많았다. 버들이 많았다는 것은 그만큼 '나루'가 많았다는 뜻이기도 하다.

지금도 그 전통은 이어지고 있다. 만남보다 이별이 더 많은 전통이 말이다.

평양성의 성문城門

평양성 내성의 북문, 칠성문

칠성문은 평양성의 북문이다. 을밀대 쪽에서 등성이를 타고 남쪽으로 내려오는 성벽과 만수대에서 북쪽으로 뻗은 성벽을 약 10m 가량 어긋나게 쌓고, 그 두 성벽 사이에 가로 세워 성문을 쌓았다.

평양성은 네 개의 작은 성으로 나눠진다. 지도를 보면, 위로부터 북성, 내성, 중성, 그리고 외성이다. 각각 성들의 성문은 아래와 같다. 성문마다 제각기 고유한 이름이 있고 문루가 따로 있는 곳도 있다. 이때 문루는 전망대 겸 장대 역할도 한다. 장대는 전쟁이 났을 때 장수가 전투 지휘를 하는 장소이다.

북성의 성문 : 현무문玄武門, 전금문 전금문
내성의 성문 : 장경문, 칠성문, 정혜문, 주작문, 경창문
중성의 성문 : 대동문, 칠성문, 보통문, 경창문, 함구문, 정양문
외성의 성문 : 고리문, 선요문, 거피문, 다경문

평양성은 '천혜의 요새'라고 한다. 성채를 둘러싸고 있는 대동강과 보통강이 천연해자 역할을 해주기 때문이다. 즉 외적이 평양성을 공략하려면 우선 배를 타고 강을 건너야 한다. 설령 적군이 무사히 강을 건넜다 해도 성문이 저절로 열릴 리가 없다. 성문 앞은 옹성甕城이 둘러쳐져 있거나 적대敵臺로 보호되어 있기 일쑤다. 옹성이나 적대, 그리고 성문 위를 지키는 병사들도 즉각 공격

을 해올 것이다. 이처럼 성문은 이중삼중으로 방어장치가 있게 마련이다.

그럼에도 불구하고 임진왜란 당시 평양성은 왜 일본군에게 함락되었는가? 그 이유가 뭘까? 가장 큰 이유는 임진왜란 이전에는 중성이 없었다. 즉 무너지면 곧장 외성쪽 함구문이 내성으로 진입하기 때문이다.

임진왜란 당시 조명연합군의 평양성 전투 장면(평양성 탈환도)

평양성은 임진왜란 이후 내성과 외성 사이에 중성을 쌓았다. 다음으로 일본군의 우수한 개인무기, 즉 조총 때문이라 할 수 있다. 다음으로 공성장비 즉, 성벽 보다 높은 공성차(수레 일종)를 끌고 성벽을 타고 넘어간 뒤, 성문 안쪽에서 성문을 열었기 때문이다.

이와 달리 조명연합군에 의한 평양성 수복작전은 어떻게 성공했을까? 첫째 이유는 조총 보다 훨씬 더 강력한 무기인 대포가 있었기 때문이다. (옆 그림에도 성문 앞에서 명나라 군사들이 대포를 발사하는 장면이 그려져 있다.)
명나라 군사들이 가져온 대포는 불랑기포佛狼機砲, 호준포虎蹲砲 등으로 평양성 밖 300m 이상 밖에서 평양성 안으로 집중 발사를 하여 초토화시킨 다음 성안으로 진격했기 때문이다. 즉 대포의 강점은 조총의 유효 사거리 밖에서 선제 타격으로 왜적에게 큰 피해를 주었다는 사실이다.

풍월루에서 명월을 희롱하다

장미꽃 피어, 남은 봄 이어가고	薔薇花發続残春
풍월루 높아 티끌 한 점 없구나	風月樓高絶点塵
흠뻑 취해 돌아가려 해도 갈수 없는데	爛酔欲帰帰不得
연못 가득 명월이 또 사람을 붙드네	満池明月更留人

– 風月楼, 盧公弼

 장미꽃 만발한 막바지 봄날, 대동강변 풍월루에서 주연酒宴이 있었다. 풍월은 '음풍농월吟風弄月'의 준말이다. 시를 노래하고 달 구경을 하며 놀다는 뜻이다.
 높다란 풍월루에 올라가면 속세는 홀연 사라지는 법! 금준미주

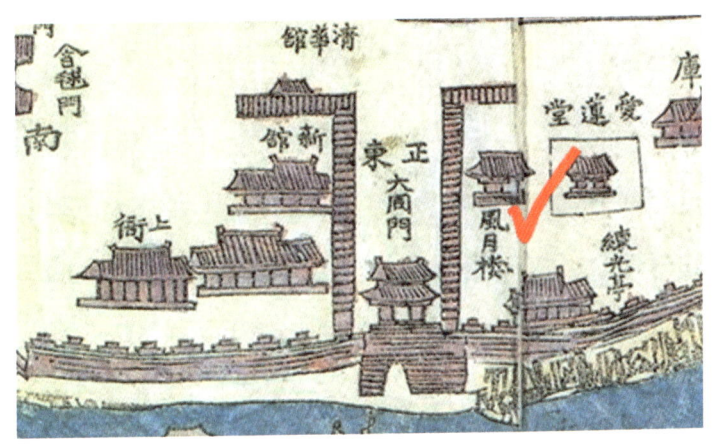

1770 평양관부도(위백규 作)

金樽美酒가 아니라 산채박주山菜薄酒라도 좋다. 바람과 달만으로도 좋은데 술과 꽃까지 있다면야 더할 나위 없다.

화자는 벗들과 시회詩會를 열었을 테고 시나브로 권커니 잣거니 했을 터. 흠뻑 취해 돌아가려 하는데, 누군가 홀연 소매를 붙들고 늘어진다.

대체 너는 누구냐?

– 명월이옵니다. 근데 그냥 명월이 아니라 만지명월이옵니다~

허참, 공산명월, 청풍명월은 들어봤어도, 만지명월은 난생 처음이로고.

　만지명월滿池明月은 '연못에 환히 비친 밝은 달'이란 뜻이다. 이때 연못은 풍월루 아래 인공으로 만든 연못이다. 평양성은 풍수상으로 배의 형국行舟形이라 성 안에 우물을 파면 배가 가라앉는다는 미신이 있었다. 하지만 풍월루의 연못은 예외였을까? 아마도 우물이 아니라 연못이라서 허용되었던 것 같다. 다시 말해 연못은 우물에 비해 바닥 깊이가 얕기 때문일 것 같다. 또한 성안의 인공 연못은 다용도로써 화재가 발생할 경우, 소화수용 저수조 역할도 하기 때문이다. 실제 궁궐 안에도 읍성 안에도 연못들이 있는데, 이는 화재 시 소방용수를 조달하는 저수조로 활용된다.

　평양성 안에는 풍류 무대인 누정이 많다. 부벽루가 백주 대낮의 공간이라면 풍월루는 은근한 달밤의 공간이었다. 부벽루가 체면의 무대라면 풍월루는 일탈의 무대라는 뜻이다.

　달밤 무대에 빠질 수 없는 존재가 있다. 바로 꽃이다. 꽃은 꽃인데 '말귀를 알아듣는 꽃解語花'이라 했던가. 예로부터 평양은 조선 제일의 색향色鄕! 응당 풍월루 주연酒宴은 당대 한량들의 로망이었을 터. 그래 놓고 보니 詩가 달라 보인다. 스멀스멀 피어오르는 게 한두 가지가 아니다.

차례로 짚어 보기로 하자. 시 속에 장미화도 진짜 장미가 아니고, 잔춘殘春도 늦은 봄이 아니라 시들시들한 춘정春情일 것 같다. 또한 명월이도 휘영청 그 명월이 아니라 기생 이름일 수도 있다. 따라서 결구의 만지명월滿池明月도 다분히 중의적으로 볼 수 있겠다.

그 뭣이냐? 찰랑찰랑 봄물이 오른 낭자 명월이 말이다.

– 데끼놈! 천하 위인 노판서를 어찌 보고 그 따위 발칙한 상상을 하는 게냐?

강릉 경포대의 달구경

평안감사향연도 중 월야선유도(전 김홍도 作)

평양성 유람

2부

연광정 연회도

평양성은 대동강과 보통강으로 둘러싸인 천혜의 요새였다.
그 평양성에 있는 누정으로는 연광정, 풍월루, 부벽루,
을밀대 등이 있다.
평양을 찾아온 귀빈들은 예외 없이 연광정에서 접대를 받았다.

대동강 뱃놀이

을밀대 버들숲엔 부산한 꾀꼬리 노래	仙臺翠柳亂聞鶯
봄은 저물었는데 정은 아직 남아있네	猶有殘春未了情
아침 되니 잔물결 위에 복사꽃잎 동동 떠다니고	朝來瀲灩桃花浪
돛단배 한 척 평양성 아래 떠다니네	一帆靡風下浿城

- 暮春舟下浿江, 雲楚

제목의 의미는 '늦은 봄에 배를 타고 패강을 내려가다'이다. 패강浿江은 제목만 봐도 화자의 의도를 알 수 있다.

선대仙臺는 을밀대이다. 먼 옛날 '을밀선녀'가 이곳 경치에 반해 하늘에서 내려와 놀았다는 전설이 있다.

신윤복(조선시대 풍속화가) 作, 〈주유청강舟遊淸江〉

예로부터 대동강은 풍류 한량들의 무대였다. 양반이라면 끼리 끼리 그 무대에서 놀 수 있었고, 평민들은 나룻배로 그저 건너다녔다.

본문을 보자. 을밀선녀가 놀던 곳에는 꾀꼬리 소리가 부산하다.

봄이 무르익어 곧 여름이 올 텐데도 정은 아직 미련이 남았단다. 무슨 뜻일까? 봄날이 다 가는데도 아직 흡족하게 놀지 못했기에 대동강 뱃놀이를 한다는 뜻이다.

풍류風流는 직역하면 '바람+흐름'이다. 의역 하자면 '바람 따라 흘러감', '바람 따라 물결 따라' 등이다. 따라서 풍류의 상징으로 뱃놀이만한 게 없다.

을밀대와 기생들(국립중앙박물관 사진)

뱃놀이에는 구분을 하자면 두 종류가 있다. 체류형과 유람형이다. 체류형은 낚싯배처럼 한 곳에 머무는 방식으로 돛이 없는 거룻배만으로 충분하기에 굳이 사공이 필요 없다. 가난한 선비에게 제격이다. 이와 달리, 유람형은 일정 구간을 운행하는 방식으로 큰 배에다 뱃사공도 필요하다. 체류형에 비해 비용이 많이 드니 지방수령이나 토호가 아니면 감히 엄두를 못 낸다.

대동강은 예로부터 뱃놀이가 유명했다. 한강 뱃놀이보다 규모도 크고 화려했다. 왜 그랬을까? 굳이 이유를 들자면 다음과 같다.

첫째는 입지여건이 좋았다. 평양성 바로 아래 대동강이 있기에 낮에는 부벽루, 달밤엔 대동강으로 즐기기에 좋다.

둘째는 임금님이 계시는 한양 땅과 멀리 떨어져 있다는 점이다. 다시 말해, 한강에서 큰 배를 전세 내어 밤새 기생들과 뱃놀이를 즐긴다면 그 소문이 금세 궁궐까지 들어가지 않겠는가. 후환이 두렵기에 고관대작들도 감히 한강 뱃놀이에 나서지 못했다. 조선조 최고의 보직이 평안감사라는 말은 그래서 나온 말이다.

다시 본문으로 돌아가자. 화자 운초 김부용의 시에는 뱃놀이를 누구랑 즐겼다는 말이 없다. 관기 신분이기에 필시 혼자는 아닐 테고 상상의 여지를 남겨둔 셈이다.

릴리안 밀러 〈노을 속의 조선 황포돛배〉, 다색목판화, 1928년

 복사꽃이 물결에 떠내려 온다는 말은 상류 어딘가에 무릉도원이 있다는 암시라고 할 수 있다. 돛단배 한 척 역시 그 상류로부터 떠내려 왔을 터. 그렇다면 그 배에 타고 있는 화자는 누군가? 자신이 바로 선녀라는 말을 에둘러 표현한 셈이다.
 실제 화자인 운초 김부용은 농담 반 진담 반으로 스스로 하강선녀라 했다고 한다. 자신을 스스로 높이지 않는데, 누가 자신을 귀히 여긴단 말인가? 그렇다. 아무튼 관기官妓였지만, 대단한 배짱을 지닌 인물이었다.

언뜻 떠오르는 역관 시인이 있다. 창랑 홍세태는 자신을 일러 '소금수레를 끄는 천리마'라고 했다. 자신은 천리마의 능력을 가졌는데 세상이 몰라주기에 짐수레나 끌고 있다는 뜻이다. 그런 자부심이 있었기에 신분의 한계를 뛰어넘어, 시로써 이름을 남길 수 있었다.

결구結句도 의미심장하다. 한 척 돛단배가 잔잔한 바람 타고 평양성 아래로 가고 있다. 이때 미풍靡風은 '스러지는 바람'이란 뜻이다. 밤새 소임을 다하느라 힘을 다 소진해버린 자신의 은유가 아니겠는가.

관기 운초는 19세쯤일 때, 자신보다 50세 이상 많은 김이양 대감의 첩실이 되었다. 나이만으로 보면 할아버지뻘이다. 원조교제라고 김이양 대감을 나무라야 할까? 아니면 세대를 초월한 망년지교忘年之交라고 해야할까.

생각해 보시라, 시詩만 잘 짓는다고 김이양 대감이 그녀에게 반했을 리가 없다. 김대감은 그녀의 시의 품격에 광채를 더하는 그녀의 자신감, 두둑한 배짱에 더 혹했을 지도 모를 일이다.

김일성과 홍명희, 대동강 뱃놀이를 하다

대동강 뱃놀이 중인 김일성과 홍명희(1958)

1958 김일성 주석金日成(1912~1994)과 소설 임꺽정의 작가 벽초 홍명희洪命憙(1888~1968) 둘 사이는 어떤 사이였을까? 나이만으로 보면 아버지와 아들뻘이다.

홍명희는 월북 작가들 중에 보기 드물게 장수한 인물이다. 장수했을 뿐만 아니라 내각 부수상에다 최고인민회의 부위원장으로 권력서열 2위의 영예까지 누렸던 것으로도 유명하다.

벽초는 납북이 아니라 자진 월북한 문인이다. 소설 임꺽정을 손에 들면, 속절없이 빠져든다. 토속적인 대화체로 인해 마치 눈앞에 꺽정이 두령이 침 튀기며 말하는 것 같다. 임꺽정의 활약상을 따라가다 보면 벽초의 사상 또한 잘 알 수 있다. '타도 탐관오리'는 곧 일본제국주의로 읽히고, '하나는 모두를 위하여, 모두는 하나를 위하여' 식으로 사회주의 혁명이 절로 떠오르기 때문이다.

해방 공간과 한국전쟁 전후로 자진 월북한 문인들도 헤아릴 수 없이 많았다. 그들은 십중팔구 숙청의 그물에 걸려 중도하차했던 반면 벽초는 끝까지 김일성으로부터 존경을 받았고 자식들까지도 명성을 누렸다고 한다. 벽초의 아들 홍기문(1903~92)은 역사학자로서, 또한 손자 홍석중은 소설 『황진이』의 작가로 남한에도 소개된 바 있다.

대동강 뱃놀이(사진) 중인 벽초와 김일성은 웃고 있다. 어떤 이의 증언에 의하면, 벽초가 겉으로는 웃고 있지만 속으로는 피눈물을 흘리고 있었다고 한다. 대체 무슨 연유일까? 내심 궁금했는데, 읽었던 책 속에서 놀라운 사실을 발견했다.

그 책은 황장엽 선생과 함께 탈북한 김덕홍 선생의 수기, 『나는 자유주의자이다』(집사재, 2015)이다. 그 책 속에는 김일성이 홍명희의 딸을 강제로 건드렸다는(?) 게 아닌가.

내용이 궁금하신 분은 그 책을 구해서 확인하시길 바란다.

창광산에 사는 그대여

그대는 창광산에 살고	君居蒼光山
나는 천관산에 사네	我居天冠山
창광산과 천관산은	蒼光山天冠山
첩첩이 구름산 너머 천리 밖에 있네	隔千里幾重雲山
천리 밖이라 말하지 말게	且休道隔千里
단지 원하는 건 나를 위해	但願君爲我
고산유수곡을 들어주게나	聽流水高山
내 관서 유람을 하고싶다네	我欲遊關西
건너고 오를 강산 걱정하나니	跋涉愁江山
그대 만난 이후로	自從獲得君
내 눈에는 늘 창광산이 어른거리네	眼中長大蒼光山

– 蒼光山 平壤 歌贈別黃上舍載之 大厚, 魏伯珪

평양관부도에도 '창광산'이 나온다. 창광산은 해발 49m로 산이라기보다 야트막한 언덕이다. 그런데도 왜 시인묵객들에게 사랑을 받았을까? 아마도 아래 전설 때문이기도 할 것 같다.

'창광산蒼光山은 부의 서남쪽 4리에 있다. 속전俗傳에, "김부식金富軾이 군사를 거느리고 성을 압박하니 묘청妙淸 등이 짚 거적으로 이 산을 덮어 창름倉廩이 풍부한 것처럼 보였다." 하니, 이 때문에 또한 창관산倉觀山이라고도 이름한다.'

— 신증동국여지승람

창광산은 당초 곡식창고에서 유래한 것을 알 수 있다. 그런데 창관倉觀이 창광蒼光으로 변한 것 같다. '곳간에서 인심 난다'는 말처럼 창고로 보이는 산에 대해서는 누구나 우호적인 생각을 가졌을 것이다.

평양성에는 산다운 산이 없다. 북성 끝에 금수산이 있고, 금수산을 제외하고 가장 큰 산이 해발 49m 창광산이다. 산이라기보다 높다란 언덕이다. '호랑이 없는 산중에 여우가 왕 노릇한다'는 속담처럼 평양성 내에서는 꽤 높은 편에 속한다.

동서고금을 막론하고 건물이 앉은 위치와 권위는 비례하는 경향이 있다. 높은 자리에 있을수록 집 주인의 권위도 올라가기 마련이다. 예컨대, 사찰에서는 석가모니 부처를 모신 대웅전이 가장 높고, 서원에서는 공자를 모신 대성전이 가장 높다. 창광산 기슭에 있는 건물들의 면면을 보자. 기자사당, 단군사당, 공자사당(문묘) 등이 있다. 이 정도면 창광산에 출입하는 사람들의 지위 또한 짐작할 수 있다.

　이제 본문을 보자. 한시의 운율인 평측平仄이 아니라도 리듬이 느껴진다. 청광산과 천관산을 대비시키고 있다. 끝말에 산을 반복하기에 더욱 리듬이 느껴진다.

　창광산은 평양에 있고 천관산은 화자가 있는 전라남도 장흥에 있다. 천리나 떨어진 거리인데도 두 사람의 우정 덕분인지 더욱 가깝게 느껴진다.

　고산유수곡은 거문고 곡조로 유명한 곡이다. 춘추시대 백아伯牙가 타고 그의 벗 종자기鍾子期가 들었다는 곡조로, 일명 아양곡峨洋曲이라고도 한다.

　백아가 거문고를 잘 탔는데 종자기는 이것을 잘 알아들었다. 그리하여 백아가 마음속에 높은 산을 두고 거문고를 타면 종자기는 이를 알아듣고 탄복을 했단다.

"아, 훌륭하다. 험준하기가 태산과 같다" 하였으며, 백아가 마음속에 흐르는 물을 두고 거문고를 타면 종자기는 이를 알아듣고 "아, 훌륭하다. 광대히 흐름이 강하와 같다." 하였다. 이를 지음知音 또는 지기知己라 하여 친구 간에 서로 뜻을 알아줌을 비유하게 되었다.

  ─ 《列子 湯問》

위 시는 언뜻 보면, 창광산 노래 같지만 평양부에 부임한 친구를 그리는 노래이다. 자신은 전라남도 장흥의 천관산(723m) 기슭에 있다. 아마도 화자는 친구 따라 평양에 들러 창광산 기슭에서 칙사 대접을 받았던 것 같다. 물론 둘 사이는 백아와 종자기를 방불케 하는, 요즘 말로 '브로맨스'가 연상된다.

화자인 존재 위백규는 실학자로 조선팔도의 지도는 물론, 세계지도에까지 관심이 많았다고 한다.

창광산은 지금

창광산은 도시화에 밀려 사라지고 건물 이름으로만 남았다. 쌍둥이빌딩인 창광산호텔과 창광원 공원, 수영장 포함 종합위락시설인 창광원, 바로 위쪽에는 평양빙상관도 있다.

위성지도로 본 창광산 공원 주변

창광원공원 주변의 지하철 역명과 거리 명을 보라. 해방산공원, 황금별, 천리마대로, 봉화거리 등등, 공산혁명을 상징하는 말들로 넘쳐나고 있다. 다행이도 창광산은 이름이나마 살아남았다. '창창한 푸른빛' 이름 덕분인 것 같다.

1980년 준공된 창광원은 하늘에서 보면 도너츠 같다. 아니 원형의 감옥 패놉티콘(panopticon)을 닮았다.

창광원 전경과 위성 사진

달밤 연광정, 피리를 부노라

비단 같이 맑은 강물 붉은 정자에 젖어들고	澄江如練浸紅亭
아지랑이는 희미하게 멀리도 퍼져있구나	烟樹依微極望平
밤 깊어 이윽고 노래와 춤도 그치니	待得夜深歌舞散
밝은 달 아래 피리 불며 외로운 성에 기대섰노라	月明吹笛倚孤城

— 練光亭, 崔慶昌

    연광정은 평양성 대동문 뒤쪽에 있는 정자다. 평양성에 들른 손님들은 이곳에서 접대를 받는다. 평안감사 부임 환영연에서부터 중국 사신은 물론 조정에서 온 관료들까지 제일의 접대 장소였다. 연광정에 오르면 대동강을 굽어보고 사통팔달 파노라마 풍광을

연광정(겸재 정선 作)

조망할 수 있기 때문이다.

고려조 문사 김황원金黃元(1045~1117)이 부벽루–평양성 내 북쪽 누각–에 올라 이렇게 큰 소리를 쳤더란다.

"부벽루에 걸린 시편(현판)들은 다 걷어치우는 게 좋겠네. 내가 지금 절창을 지을테니 말일세!"

그런 다음, 보란 듯이 두 줄을 쏟아내었단다. 응당 셋째, 넷째 구도 누에가 명주실 토하듯 나올 줄 알았는데 똥 마려운 강아지처럼 끙끙거리기만 할 뿐 끝끝내 다음 구를 잇지 못했다고 한다.

부족한 듯해도 두 줄만으로 충분하다고 해야 할까? '한 줄도 길다'는 하이쿠俳句도 있잖은가. 후대 조선조의 내로라하는 문사들도 이 시에 감히 덧붙이지 않은 걸 보면 능히 알 수 있는 일이다.

선조 때 명나라의 사신으로 명필로 유명했던 주지번이 이곳에 들렀다. 연광정에서 바라보는 경치에 탄복한 나머지 직접 '천하제일강산'이라는 글씨를 써주었고 이를 현판으로 붙였다고 한다. 이후 병자호란이 터지고 인조의 항복을 받고 돌아가던 청태종이 연광정에 들렀다가 이 현판의 글씨를 보고는 발끈했다고 한다.

"중국에도 명승지 많은데 왜 하필 여기가 천하제일이란 말이냐?"

현판을 부숴버리려다 차마 그러지는 못하고 '천하' 두 글자만 톱질해 없애고 '제일강산'이라고 남겨두게 했다는 일화가 전해 온다. 지금은 '천하제일강산'이 붙어있다.

연광정은 연꽃 '蓮'이 아니라 비단(실) '練'!이다. 대동강 물빛이 새하얀 비단실같이 보인다고 연광정이라 했단다. (북한에서는 련광정이다.)

평양성 지명에는 비단에 대한 비유가 많다. 모란봉이 있는 금수산錦繡山 역시 '수를 놓은 비단', 대동강의 섬, 능라도綾羅島 역시 '비단을 풀어 놓은 듯한 섬'이다.

연광정은 바로 위 부벽루와 어깨동무를 하듯 서있다. 연광정은 모란봉과 함께 정월대보름에 달구경 명소이기도 하다.

평양성은 늘 가무歌舞가 그치지 않았던 모양이다.

밤이 이슥해진 뒤, 성벽에 홀로 기대어 피리 부는 사나이, 그는 외로운 사내가 아니라 푸른 대처럼 고고함을 즐긴 사나이, 호젓한 피리소리로 한 가락으로 부산한 평양성을 잠재우는 듯한 착각마저 든다. 그의 피리 솜씨가 얼마나 뛰어났던지 피리를 불어 왜구를 물리쳤다는 일화도 전해온다.

그가 17세 때 을묘왜란(1555년)이 일어났는데, 왜구를 만나자 피리를 구슬피 불어 왜구들을 죄다 향수에 젖게하여 퇴각하게 만들었다고 한다.

조선판 '사면초가'의 전설이나 다름없다.

고죽孤竹 최경창이 누군가? 기생 홍랑과의 일화로도 유명하다. 다음 시조를 보면, 고죽보다 홍랑의 순애보가 더 절절하다

'묏버들 가지 꺾어 보내노라, 님의 손대 / 자시는 창밖에 심어두고 보소서 / 밤비에 새잎 나거든 날인가 여기소서'

– 홍랑

고죽은 삼당시인으로 불렸다. 거문고, 피리 솜씨가 뛰어났고, 활쏘기에도 아주 능했다고 한다. 다만 안타까운 일은 45세에 급사를 했다는 점이다.

연광정에는 임진왜란 당시 김응서 장군과 기생 계월향의 전설도 있다. 김응서장군과 계월향이 묘한 꾀를 내어 적장의 목을 베었다는 통쾌한 이야기다.

부벽루, 세상바다의 한 척 배 같네

어제 영명사를 지나다가	昨過永明寺
잠시 부벽루에 올랐네.	暫登浮碧樓
성은 텅 빈 채, 달 한 조각 떠 있고	城空月一片
오래된 돌담 위로 흘러가는 천 년 구름	石老雲千秋
기린마는 떠나간 뒤 돌아오지 않고	麟馬去不返
천손은 지금 어느 곳에 노니는가	天孫何處遊
휘파람 불며 바람 부는 돌다리에 기대니	長嘯倚風磴
산은 푸르고 강은 절로 흐르는구나	山青江自流

- 浮碧樓, 李穡

부벽루는 대동강변의 정자로 청류벽 위에 있다. 본래 바로 옆에 있는 사찰 영명사에 부속된 정자로써 처음엔 영명루로 불렸다고 한다. 이후 고려 중엽 평장사 이오에 의해 부벽루로 개명을 했다고 한다. 대동강 푸른 물결 위에 한 척 배처럼 떠있는 느낌이라고 하여 부벽루가 되었단다. 창건 이후 수차례 중건을 했는데 중수기를 보면 부벽루의 진가를 새삼스레 확인할 수 있다.

이제 본문을 보자. 고구려 옛 도읍인 평양의 영명사와 부벽루를 돌아보며 왕조의 무상함을 노래하고 있다. 영원할 것 같던 고려왕조도 속절없이 시들해진 듯하다.

영명사와 부벽루, 월일편과 운천추, 기린마와 천손, 장소와 산청… 철저히 대칭인데도 지극히 자연스럽다. 언뜻 생각해보면 권력 무상, 인생무상을 노래하는 것 같다. 하지만 다시 보면 정반대로 읽히기도 한다. 기린마를 왜 기다리며, 천손은 어디서 무얼 하고 있는지 나무라는 것 같기 때문이다. 기린마나 천손이야 오든 말든, 그래도 산은 희망으로 푸르고 강은 절로 흘러간다고 한다. 모종의 암호를 숨긴 듯하지 않는다.

목은 이색이 누구인가? 고려 말, 정도전, 조준 등 개혁 성향의 신진사대부를 키워냈지만, 역성혁명에는 끝내 동참을 거부한 위인이다. 그리하여 고려 말의 야은 길재, 포은 정몽주와 함께 삼은三隱 중의 한 사람으로 꼽힌다.

그럼에도 불구하고 정도전을 비롯하여 조선 왕조를 세운 주체 세력들을 조련시킨 사상적 스승이기도 하다. 아이러니가 아닐 수 없다.

지금 부벽루는 어떤 모습을 하고 있을까? 세상 바다에 풍랑이야 일든 말든 홀로 유유자적하고 있는가. 아니면 새 시대를 열 푸른 꿈들을 키우고 있는가.

'부벽루중수기'(108쪽)를 보면, 부벽루가 어떤 용도로 쓰였는지를 잘 알 수 있다.

부벽루 중수기

– 부벽루기 浮碧樓記

성 현 成俔

　도읍에 누대가 있는 것은 그 유래가 오래되었다. 도읍이 번성한 데도 풍광을 관람할 장소가 없으면 빈객과 길손의 마음을 위로하고 답답한 회포를 펼 수 없다. 서도西都의 승경은 해동에서 으뜸인데, 이 누대의 승경은 또 서도에서 제일이다.

　평양성을 나가 몇 리를 가면 금수산 모란봉 아래 바위 벼랑의 빈터에 누대를 만들어 놓고 노니는 곳이 있으니 '부벽루'라고 한다. 그 누대가 위로는 산봉우리에 기대고 아래로는 강물을 굽어볼 수 있는 자리에 있는데, 산빛과 물빛이 모두 연녹색이다. 서로 비추어 그 빛이 밝은 공중에 떠서 아른거리기浮動 때문에 이런 이름이 붙은 것이다.

　끊어진 모란봉 기슭이 벼랑을 이루어 푸른 절벽이 우뚝 솟았는데, 기암이 웅장하고 그 발치에는 칡넝쿨이 얽히어 남향으로 서려

있다. 장성長城의 성가퀴는 구름에 덮인, 듬성하기도 하고 빽빽하기도 한 숲 사이로 희미하게 보인다. 맑은 강 한줄기가 누대 아래에 다다라 제비 꼬리처럼 갈라져 두 줄기를 이루고, 그 가운데 사람이 살 만한 모래톱을 능라도라고 하는데 몇 리를 못 가서 다시 하나의 강물로 합쳐진다. 넘실넘실 쉬지 않고 흘러가는 것이 흰 무지개와 같은데 구불구불 장성을 감싸고 흘러가서 남쪽으로 푸른 바다와 통하여 밀물과 썰물이 왕래한다. 이것이 이 누대가 산과 강의 승경을 얻은 것이다.

(중략)

나는 지금까지 세 번 경사京師(베이징)에 사신을 갔고 두 번 선위사宣慰使가 되어 모두 다섯 번 평양성에 들렀는데 이 누대에 올라온 것만도 한두 번이 아니었다. 지난 을사년(1485, 성종16)에 또 천추진하사千秋進賀使로 이곳에 왔었다. 그때 감사 박공건朴公楗, 서윤 안군선安君璿, 판관 정군 숙돈鄭君叔敦이 배 안으로 와서 맞이하였다. 그들은 누대가 있는 언덕을 손을 들어 가리키고 술잔을 잡고서 나에게 말하였다.

"고구려의 삼양三壤(용양, 평양, 한양)은 모두 대읍이지만 그중에서도 평양이 가장 번성한 곳으로 단군이 일어나신 곳이자 동명왕이 거처하시던 곳입니다. 그 구제궁九梯宮의 터가 바로 지금의 영명사입니다. 바위굴이 깊은데 기린마麒麟馬는 돌아오지 않고, 조천석朝天石이 강 가운데 드러나 있는데 조천하던 기린마의 발자국은 예전 그대로입니다.

(중략)

해마다 경사로 가는 대신과 중화의 선비들이 왕래하여 끊이지 않는데 그들은 반드시 이 누대에 오르곤 합니다.

그렇지만 누대가 오래되었는데도 수리하지 않아 동우棟宇가 장차 퇴락할 형세이므로 다시 영건하여 멋지고 아름답게 꾸미고 싶습니다. 그대의 생각에는 어떻습니까?"

다음 해 병오년(1486, 성종17)에 박공이 체직되고 내가 이곳에 후임으로 오게 되었다. 나는 박공이 계획한 규모를 바탕으로 자금을 모으고 공력을 들여 몇 개월이 지나 누대를 완공하였다. 또 긴 회랑 몇 칸을 지어 그 아래에 날개를 펼친 듯이 이어 붙여, 낭료들이 거처할 방을 마련하고 목욕할 곳을 두었는데, 누대를 지어 놓

은 것이 지극히 장려하여 비교할 데가 없었다. 이에 손님들이 왔을 때 크게 풍악을 울리고 낙성하였다. 마침내 그 형승과 사적을 자세히 서술한다. 정미년(1487, 성종18) 중추에 관찰사 성현은 기록한다. (한국고전번역원 | 김종태 (역))

부벽루, 조선의 자부심

위 글은 1487년에 부벽루를 중수한 뒤 그 내력을 적은 글이다. 저자는 용재총화를 지은 성현으로 당시 평안감사 신분이었다. 평안감사 이전에도 다섯 차례나 평양성에 들렀고, 그때마다 부벽루에 올랐다고 한다.

저자는 퇴락한 부벽루 건물을 중수하기 위한 역사적 당위성과 함께 건설 과정을 소개하고 있다. 부벽루는 평안감사의 휴식 장소이기 이전에 중국 사신들에게 조선의 자존심을 내세우는 으뜸 접대 장소였다는 사실을 확인할 수 있다.

2023년 3월 현재, 부벽루는 건재하다. 부벽루는 본래 영명사의 부속 누각이었지만 조선조 이후 사신을 접대하는 대표 누정이 되었다.

영명사는 지금 사라지고 없으나 부벽루는 홀로남아 역사를 증언하고 있다.

영명사에 등불 켜는 여인

금수산 기슭, 영명사에는	錦繡山前永明寺
때때로 여인네들 등불 켜고 돌아가네	有時兒女點燈歸
부처님 도움으로 소망을 이루고자	欲將冥佑諧心事
몰래 비단장삼 지어 부처님께 시주하네	暗剪羅衫施佛衣

— 白湖 林悌, 浿江歌 중에서

　금수산 기슭에 영명사가 있다. 영명사는 고구려 시조인 동명성왕의 궁궐이었던 구제궁九梯宮 옛터에 지었다고 한다. 창건 연대는 392년(광개토왕 2년)이고, 아도화상이 머물렀다고 한다. 창건 이후 왕조를 거듭하여 살아남았고 조선조 31본산 시대에는 평안

고지도 속의 영명사

남도의 사찰을 관할하였던 본산이었다고 한다. 그만큼 평양을 대표하는 사찰이었다.

영명사를 노래한 시편들 중에 대표적인 것은 목은 이색의 작품이 있지만, 위에 소개한 백호 임제의 시는 영명사의 전혀 다른 모습을 보여주기에 특별하다.

본문을 보자. 이곳에 들른 아낙네들이 법당에 등불을 켜고 돌아간다. 부처님 전에 등불을 켜는 이유가 뭘까? 뭔가 치성을 드린다는 의미다. 그런데 그냥 빈손으로 비는 게 아니다. 몰래 비단을 마련하여 장삼을 지어 바친다고 한다. 비단으로 장삼을 지어 바칠 정도라면 꽤나 권세 있는 집안의 안방마님인 듯하다. 알고 보면, 사찰에도 등급이 있다. 부처님은 중생을 차별하지 않았지만 중생은 사찰에도 차별을 두었던 것이다. 일례로 조선시대는 억불숭유 정책이었지만, 왕실의 여인들이 거금을 출연하여 창건을 하고, 전적으로 출입하는 원당 사찰이 있었다. 여주의 신륵사가 대표적인 원당 사찰이었다.

이곳 평양의 영명사도 추측건대, 평안감사를 비롯한 고위층의 아낙네들의 치성 장소였던 곳으로 보인다. 고지도에서 보듯 영명사는 평양성 밖이 아니라 내부에 위치하고 있기 때문이다.

영명사가 수천 년 살아남았던 이유는 바로 이것이다. 평양 사람들이 치성을 드릴 때는 늘 영명사를 찾아왔고, 올 때는 빈손이 아니었기 때문이다.

한편 '영명심승'은 평양 8경 중 하나이다. 직역하면 '영명사에서 스님 찾기'이다. 일반적으로 '해질 무렵 절간으로 들어가는 스님'이 아주 평화스런 정경이라 팔경 중 하나로 선정되었다고 한다.

달리 생각해 보면, 전혀 다른 뜻으로 볼 수도 있다. 절간에 스님 찾기가 예사일 텐데 왜 희한한 광경이 되었을까? 그 배경을 유추해 보면, 조선조에 들어와서 억불숭유정책으로 인해 이곳 영명사에도 스님 숫자가 대폭 줄었을 것이다. 영명사 앞뜰, 부벽루에 놀러온 사람들만 많고 스님은 좀체 눈에 띄지 않았던 게 아니었을까 싶다. 영명사에서 스님 찾기는 절간에서 새우젓 먹기만큼이나 어려웠단 말 같이 볼 수도 있겠다.

2023년 3월 현재, 영명사는 어떻게 변했을까? 구글어스로 검색하면 '영명사 터'로 나온다. 사라지고 없다는 뜻이다. 한국전쟁 동안 폭격으로 불에 타버렸기 때문이다.

만약 영명사가 남한에 있었더라면 금세 복원되었을 것이다. 하지만 김일성은 '종교는 아편이다'는 공산주의 철학에 충실했기 때문에 영명사 자리에 다른 건물을 짓게 했던 것이다.

영명사 자리에는 요양원이 들어서 있다는데, 구글어스 상에는 건물 대신 온통 소나무 숲만 보인다. 동북쪽에 팔작지붕 건물이 부벽루이다. 부벽루 역시 한국전쟁 동안 폭격으로 소실되었는데

영명심승永明尋僧

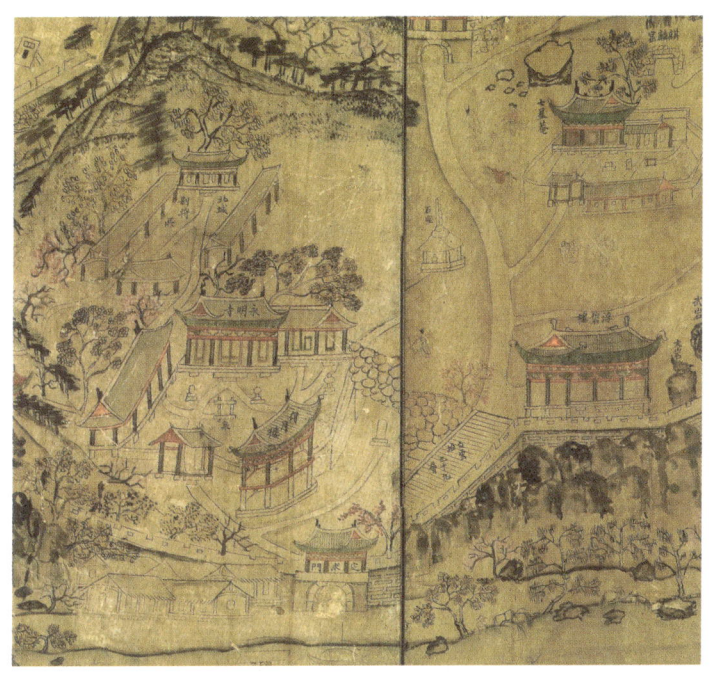

기성도(8폭, 동아대 석당박물관)

영명사에는 인근의 부벽루와 함께 달구경 명소인 득월루得月樓가 있었다.

1956년과 1959년 두 차례에 걸쳐 복원공사를 했다고 한다. 영명사는 사찰이지만 부벽루는 누정으로 불교로부터 일정 거리를 유지하는 것으로 간주되었기 때문이다.

1900년대 후반 들어 북한 당국도 종교에 대해 관대한 정책을 펴고 있다. 평양의 봉수교회, 칠골교회를 복원했고, 금강산에도 2007년 신계사를 남북 합작으로 복원한 바 있다.

　북한 당국이 극적으로 경제 개방에 나설 경우, 영명사도 복원할

영명사 주변

가능성이 높아 보인다. 왜냐하면, 신계사 복원을 주도했던 조계종이 신계사 다음으로 목표로 삼았던 것이 평양의 포교사찰이었고, 영순위가 영명사였기 때문이다. 물론 영명사가 복원되면 이는 곧 영명사의 과거 명성까지 복원되는 효과가 있기 때문이다.

구글어스로 보면, 영명사 터는 을밀대에 비해 지형이 푹 꺼져 있다. 마치 지진이 발생하여 영명사 주위가 반원형으로 푹 꺼진 것 같다. 빨간 표시가 부벽루이다. 지금 영명사는 사라지고 없지만 만약 평양에서 사라진 사찰들을 복원할 경우, 영순위로 복원될 사찰이 영명사라고 한다. 2007년 남북 공동으로 금강산 신계사 복원공사를 한 이후, 다음 목표가 영명사 복원이었다고 한다.

구글어스에 의하면, 2023년 1월 현재, 영명사 부지에는 사찰 대신 우진각 지붕 건물들이 연달아 있다. 위키백과에 의하면, 영명사 자리에는 요양원이 들어서 부벽루까지 관리하고 있다고 한다.

3박4일 평양관광 코스 짜줘요!
- 챗GPT Open AI 답변

인터넷 캡쳐

'저는 60세 미국인 남성 파르코입니다. 제 할아버지는 1950년 한국전쟁에 참전했던 분이라, 북한 지역 관광에 관심이 아주 많습니다.

만약 한국전쟁에 참전한 미국 군인의 후손으로, 북한 관광이 가능할 경우, 3박4일 북한 투어 코스를 추천해 주십시오.

단, 평양공항으로 입국하여 평양공항으로 출국하는 조건입니다.'

10초만에 다음 답변이 돌아왔다.

네, 먼저 유의사항부터 알려드립니다.

첫째, 북한은 관광에 대한 규제와 제한이 엄격하고 방문객은 항상 정부가 승인한 여행 가이드를 동반해야 한다는 점에 유의해야 합니다. 또한 미국 시민으로서 특별 여행 허가가 필요하며 단체 여행의 일환입니다. 여행사는 일정을 짜고 모든 활동과 목적지가 북한 정부의 승인을 받았는지 확인할 책임이 있습니다.

필요한 허가와 승인을 얻을 수 있다고 가정하면 3박 4일 북한 여행 중에 고려할 수 있는 몇 가지 가능한 활동은 다음과 같습니다.

1일차 : 평양 일정

평양 도착 후 호텔로 이동

북한의 건국 지도자 김일성의 거대한 동상인 만수대 대기념비를 방문하세요. 다음으로 김일성과 그의 아들 김정일 의 방부 처리된 시신이 전시되어 있는 금수산태양 궁전을 둘러 보세요.

북한의 주체사상을 기리는 170m 높이의 기념비인 주체탑을 둘러보세요.

2일차 : 판문점과 개성

남북한 사이의 중무장된 국경인 비무장지대(DMZ)를 방문하세요. 여러 유적지와 문화·명소가 있는 한국의 고대 수도인 개성을 탐험하세요. 다음으로 유네스코 세계문화유산으로 지정된 고려왕릉 중 가장 잘 보존된 공민왕릉을 방문하세요.

3일차 : 평양 시내

세계에서 가장 깊고 정교한 지하철 시스템 중 하나인 평양 지하철을 둘러보세요. 다음으로 제2차 세계대전에서 일본에 대한 북한의 승리를 기념하는 거대한 기념비인 개선문을 방문하세요.

피크닉과 휴식을 위해 현지인들에게 인기 있는 모란봉 공원을 둘러보세요.

4일차 : 푸에블로호 방문

1968년 북한에 나포되어 현재 박물관으로 전시되어 있는 미국 첩보선 USS 푸에블로를 방문하세요.

북한의 중앙도서관이자 교육원인 인민대학습당 견학하세요.

평양공항 출발

다시 한번 말씀드리지만 위의 일정은 참고용일 뿐이며, 실제 관광 코스는 여행사 및 북한정부의 승인에 따라 달라질 수 있습니다. 북한을 여행하는 동안 모든 규정과 지침을 따르는 것도 중요합니다.'

이상은 챗봇 openAI가 답변한 내용이다.

우선 추천코스를 보자. 만수대기념비, 금수산태양궁전, 주체사상탑, 모란봉공원, 평양 지하철, 개선문, 판문점, 공민왕릉, 푸에블로호, 인민대학습당 등이다. 나흘간 명소 10여 곳 중 평양의 전통적 명소로는 단 한 곳, 모란봉공원 뿐이다. 이 이외의 추천장소는 하나 같이 혁명유적 및 체제 선전을 홍보하는 곳이었다. 이럴 수가 있단 말인가. 아다시피 인공지능은 '쓰레기를 넣으면 쓰레기가 나온다(garbage in garbage out)'는 말도 여기에 연유한다.

결론적으로 말해, 북한 관광 안내에 관한 한 최첨단 챗GPT도 김정은 정권의 충실한 참모 노릇을 한다는 사실이다. 왜냐하면 그동안 인터넷상에 축적된 북한 관광 정보는 대부분이 북한 당국에 의해 만들어진 데이터베이스이기 때문이다.

부벽루 아래 뱃놀이로 밤새우다

평양 여인들 삼삼오오 흥겨운데	箕城女伴藹丰茸
꽃밭 이외, 수양버들 아래서도 소근대네	花外聞聲柳下逢
향기로운 꽃들, 누가 기린의 흔적 찾으리	芳草誰尋麟馬跡
봄바람은 모란봉에서 불어오네	春風只在牧丹峰
장소가 넓어 목소리는 쉬었고	歌因地闊喉如澁
놀잇배 재촉에 화장도 못 다했네	粧被船催粉未濃
오늘밤 달 밝으니 어디에서 머무랴?	今夜月明何處泊
강 복판에서 건너편 새벽 종소리 들리네	中流相顧五更鍾

– 浮碧樓春宴, 雲楚

부벽루 현판

　부벽루는 '대동강 푸른 강물 위에 둥실 떠 있는 누각'이란 뜻이다. 부벽루 아래 푸른 벼랑, 청류벽淸流壁이 있다. 청류벽 아래 길이 나있고, 강 한복판에 하중도인 능라도가 있다.

　당시에는 부벽루에 아무나 오를 수 없었다. 영순위는 평안감영을 찾아온 손님, 예컨대, 조정에서 파견된 관료들, 중국 연행에 나선 사신들, 한양으로 가는 중국 사신들 등이었다. 다음으로 양반댁의 아녀자들이었다. 그렇다고 어느 때나 출입할 수는 없었다.

사월 초파일이나 오월 단오절이면 가볼 수 있었다.

이곳에 가기 위해서는 대개 다음과 같은 코스를 따랐다.

평양 유람 1일차는 대동관 → 연광정 → 을밀대 → 모란봉 → 기자묘 즐긴다. 둘째 날이 보름날이라면, 대동문 → 대동강 뱃길 → 영명사 → 부벽루 → 모란봉(최승대) → 영명사 → 대동강 달밤 뱃놀이를 즐기기도 한다. 셋째 날은 칠성문 → 기자묘 → 선연동 → 보통강 나루-안주 방향으로 떠나간다.

이 노정을 즐기는 이들은 입장에 따라 순서를 역순으로 하기도 한다. 중국으로 가는 연행사절이거나 한양으로 가는 중국 사신들, 그리고 공무 차 평양을 방문한 고위관료들은 관심사에 따라 들르는 곳이 달랐다.

부벽루 '봄잔치春宴'은 누가 주최했을까? 화자는 평양 명기 운초(일명 부용)이다. 관기 신분이니 분명 개인 잔치가 아닐 터. 관기는 곧 공인이다. 평안감사가 주최하는 연회에는 참석은 선택사항이 아니라 의무다. 십중팔구 공식연회였겠지만 위 시에서는 지극히 개인적인 감상을 노래하고 있다.

그녀에게 시는 교태를 넘어 정치적 무기(?)였다고 할 수 있다.

'기성여반箕城女伴', 평양의 여인들 삼삼오오 무리지어 나들이를 한다. 아마 오월 단오 무렵인가 보다. 부벽루에 연회가 열리니 관기들도 총출동했을 듯하다.

부벽루 아래 뜰에 벌써 모란이 피었을까? 꽃 구경 이외에 수양버들 아래 소곤대는 소리도 들린다.

부벽루에서 대낮부터 열린 연회, 노래하고 춤추다 보니 목이 벌써 쉬려한다. 이유인즉, 부벽루가 사방팔방 툭 트인데다, 잠재적 경쟁자-계월향, 추월, 명월, 한우, 영산홍 등-를 의식하다 보니 매번 목청을 돋울 수밖에 없다.

일제시대 관광엽서 속의 부벽루

부벽루 아래쪽에 영명사가 있다. 이 절에는 기린굴이 있다. 고구려를 세운 동명왕이 기린마를 기린굴에서 키웠고, 기린마를 타고 승천했다는 전설이 어린 유적이다. 평양성 곳곳을 조감도 형식 그린 다음 병풍으로 만든 기성도병에도 기린굴이 그려져 있다.

향기로운 꽃밭 속, 어느 누가 기린마의 발자국을 찾으랴? 바람은 금수산 봉우리, 즉 모란봉 쪽에서 솔솔 불어온다. 모란봉은 금수산의 꼭대기(해발 96m), 그 아래에 전망대인 최승대最勝臺가 있다.

어느덧 날이 저물고 두둥실 달이 떴다. 이제 뱃놀이를 즐길 차례다. 뱃놀이는 자고로 달밤이 제격이다. 조선조 선비들은 소동파의 적벽부 풍류를 흉내 내려고 안달복달했다. '임술치추칠월기망壬戌之秋七月旣望'에 적벽강에 배를 띄워 임기소지 노닐 적에 청풍은 서래하고…, 조선조 선비들은 소동파의 '적벽부'를 줄줄 외고 다녔다. 보름 뒷날 음력 열엿새날 밤이면 으레 적벽부 흉내를 내며 뱃놀이를 했던 것이다.

배에는 손님, 기생, 악공, 술과 안주도 가득 실었다. 달밤 뱃놀이는 요즘식으로 말하면 올나이트! 꼬박 밤을 새웠다.

선연동 선배 귀신 왈,

"아우들아, 메뚜기도 한철이다! 죽을 때 후회한다! 화끈하게 놀다오너라!"

대동강, 흔들리는 배 위에서 밤새 질탕하게 놀던 한량과 기생들, 과연 몇이나 멀쩡했을까? 어느새 새벽 종소리가 들린다. 종소리는 필시 영명사에서 나왔을 터. 그 종소리에 화자는 어떤 표정을 지었을까?

운초 김부용은 어떤 여인이었을까? 일찍이 작가 정비석이 '명기열전'에서 발굴한 인물이기도 하다. 전무후무 인생역전의 위인. 숱한 경쟁 상대를 물리치고 기생들의 로망이 된 여자이다.

다시 말해, 돈과 명예를 가진 영감 양반의 첩실이 되는 게 그녀들의 로망이었다. 운초는 바로 김이양 대감의 소실이 되었던 것이다. 방년 19세와 75세 호호 영감, 나이 차가 무려 56세다. 대체 운초는 무슨 전략이었을까?

김이양 대감은 향년 90세로 운초 덕으로 회춘했던 것일까? 운초는 19세에 소실이 되어 15년을 동거했다고 한다. 김대감이 죽고 난 뒤에 안락한 노후, 우아한 취미생활을 했다고 한다. 즉 그녀는 자신의 문집과 시집도 발간했고, 삼호정시단을 이끈 우두머리로 유유자적했다고 한다. 그녀의 시작은 비록 미천했으나 마무리는 속속들이 우아했도다!

엘리자베스 키스 作, 부벽루(1925, 평양강변)

취유부벽정기 醉遊浮碧亭記

김시습

　개성의 상인 홍생洪生이 달밤에 술에 취하여 대동강 부벽루에 올라가 고국의 흥망을 탄식하는 시를 지어 읊었다. 한 아름다운 처녀가 나타나 홍생의 글재주를 칭찬하면서 음식을 대접하였다. 홍생이 처녀와 시로써 화답하며 즐기다가 신분을 물었다. 처녀는 위만에게 나라를 빼앗긴 기자의 딸로서 천상계에 올라가 선녀가 되었다. 그런데 달이 밝자 고국 생각이 나서 내려왔다고 자신을 소개하였다.
　기씨녀는 홍생의 청을 받고 긴 시 한수를 더 읊었다. 그 내용은 자기들의 사랑의 아름다움과 고국의 흥망성쇠에 관한 것이었다. 그 뒤에 기씨녀는 천명을 어길 수 없다며 사라지고 홍생은 귀가하여 기씨녀를 그리워하다가 병이 들었다. 어느날 홍생은 기씨녀의 주선으로 하늘에 올라가게 된다는 내용의 꿈을 꾸고 세상을 떠났다.

「취유부벽정기」는 평양을 배경으로 하고 역사적 인물을 등장시킴으로써 토속적인 성격 및 역사의식을 보여주는 작품이다.

남녀간의 사랑을 제재로 하고 있다는 점에서는 같은 작자의 작품인 「만복사저포기萬福寺樗蒲記」 및 「이생규장전李生窺墻傳」과 동일하다. 정신적인 사랑을 다루었다는 점에서는 그들과 구별된다.

- 출처 : 한국민족문화대백과사전(취유부벽정기醉遊浮碧亭記)

부벽루

을밀대, 신선의 옥피리 소리 들리고

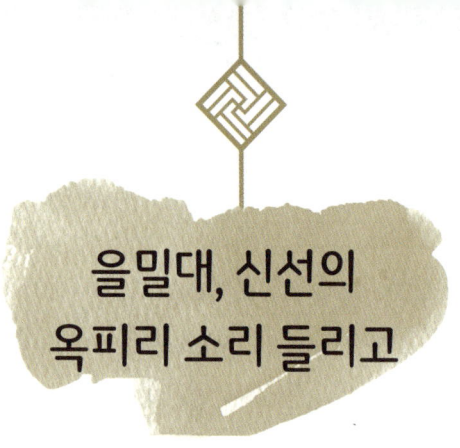

신선의 옥피리 소리 새벽하늘에 맴도는 곳,	天仙玉笛曉徘徊
금수산 앞 을밀대로구나	錦繡山前乙密臺
학을 타고 간 신선은 자취 없이 달빛만 차가운데	鶴馭無蹤寒月白
강물 가득 붉은 단풍이 절로 애달기만 하여라	滿江紅葉自生哀

— 乙密臺, 河演

한 많은 대동강아 변함없이 잘 있느냐, 모란봉아 을밀대야,
네 모양이 그립구나

— 노래 '한 많은 대동강' 중에서

을밀대 (KBS 캡쳐)

을밀대는 모란봉과 함께 평양의 랜드마크다. 을밀대는 북한 평양시 중구역 금수산 을밀봉 일대에 위치해 있고, 북한의 국보 제19호이다. (*북한에서 금수산은 더 이상 산이 아니다. 김씨왕조의 시조 김일성과 그의 아들 김정일의 시신을 안치한 태양궁전의 이름이다.- '금수산'편 참조)

을밀대는 평양 8경-조선시대 기성8경-중 하나이기도 하다. 평양을 찾는 문사라면 어김없이 을밀대를 찾았고 그 인상을 시로 남기는 데도 주저하지 않았다.

본문을 보자.

을밀대는 신선의 옥피리 소리가 환청으로 들리는 모양이다. 화자는 새벽부터 을밀대에 올랐는데, 그때 옥피리 소리를 들었을까? 아니면 자신이 직접 옥피리를 불었을 지도 모른다.

여기는 금수산 앞 을밀대! 옥피리 불던 신선은 어디론가 사라졌다. 학을 타고 사라져간 하늘, 그 하늘에 신선의 자취는 없이 얼음장 같이 차가운 달만 덩그러니 떠 있다.

발아래 대동강은 온통 붉은 단풍으로 물들어 있다. 강물에 비친 붉은 단풍을 보고 왜 절로 애달프다고 하는 걸까? 달도 차면 기울듯이 절정의 단풍도 이내 지고 말 것이고, 우리네 인생 또한 한 걸음 한 걸음 북망산을 향해 갈 것이기 때문이 아닐까?

'을밀대' 이름은 어디서 왔을까? 그 유래에는 다양한 설화가 있다.

첫째, 옛날에 을밀선녀乙密仙女가 이곳의 아름다운 경치에 반해 하늘에서 내려와 놀았다는 이야기다. 다음으로 6세기 무렵 평양성을 세울 때 을지문덕 장군의 아들인 을밀 장군이 이곳을 지키며 싸웠다는 이야기다.

세 번째는 순 우리말인 '웃미르터' 또는 '웃밀이 언덕'을 이두로 음차한 것이라는 설이 있다.

평양은 김씨왕조에 의해 거듭난 도시라고 해도 과언이 아니다. 소위 봉건 왕조의 잔재로 간주되는 것은 지명부터 모조리 개명을 했기 때문이다.

이탈리아 피렌체의 경우, 중세의 골목이 고스란히 남아있다고 한다. 필자도 피렌체여행 당시 현지가이드가 피렌체가 얼마나 전통을 잘 보존하고 있는가에 대해 자랑스레 하던 이야기가 떠오른다. 『신곡』을 지었던 단테는 700년 전 사람인데, 그가 오늘 살아 돌아온다고 해도 골목 안에 있던 자기 집을 찾아갈 수 있다고 했다.

평양은 어떤가? 700년 전 사람은 고사하고 불과 100년 전 사람이 환생한다고 해도 결코 자기 집을 못 찾아갈 것이다. 그도 그럴 것이 한국전쟁 동안 평양은 B29 폭격기의 무차별 폭격으로 인해 거의 피자판처럼 변했고, 폐허로 변한 대지 위에 '사회주의 이상도시.'라는 목표 아래 환골탈태 수준으로 거듭났기 때문이다.

기성(평양) 8경

겸재 정선의 '소상팔경도'

조선시대에는 고장마다 팔경이 있었다. 크게는 '대한팔경'으로부터 작게는 '송도팔경', '관동팔경'에 이르기까지… 팔경의 원조는 중국의 '소상팔경瀟湘八景'으로, 각 지방마다 팔경은 '소상팔경'을 차운했다고 해도 과언이 아니다.

'평양'은 20세기 이전에는 딴 이름으로 불리었다. '기성箕城' 또는 '서경西京'이었다. 서경은 고려의 왕도 개경(개성)의 서쪽에 있다는 뜻이고, 기성箕城은 기자의 도읍지라는 뜻이다. 따라서 조선시대 후기까지 '평양 8경'보다 '기성 8경'으로 통했다. 하지만 지금은 당연히 '평양 8경'으로 부르고 있다.

그렇다면 평양 8경은 어디어디를 말하는가?
- 밀대상춘密臺賞春 – 을밀대에서의 봄 경치, 평양 8경 중에서 가장 먼저 나온다는 사실이다. 진달래 꽃동산인데다 상춘객도 한몫 하는 덕분이다.
- 부벽완월浮碧玩月 – 부벽루에서의 달구경. 두 번째로 달구경을 꼽고 있다.
대개 대동강 뱃놀이 전후에 부벽루에 올라 달구경을 즐긴다.
- 영명심승永明尋僧 – 영명사를 찾아드는 중들의 모습. 조선시대 중들은 낮 동안 탁발을 하고 해거름 때면 절로 들어간다.
- 보통송객普通送客 – 보통강에서 나그네를 보내는 광경. 오는 손님보다 떠나는 손님이 더 반가웠을까? 보통문 앞에 있는 나루에서 나룻배를 타고 떠나는 이를 전송한다.

- 거문범주車門汎舟 – 거문(거피문, 평양 외성의 남문) 앞 대동강의 뱃놀이 광경. 뱃놀이는 주요 뱃길로 부산한 대동문 앞쪽보다 외성의 남문 앞, 남호가 한적하여 훨씬 더 좋았다는 말이다.

- 연당청우蓮堂聽雨 – 애련당에서 듣는 빗소리. 대동관 앞에 애련당이 있고 또 그 앞에 연못 애련지가 있다. 다시 말해 연잎에 내리는 빗소리가 가장 듣기 좋다는 말이다. 왜 그랬을까? 비가 오면 '공空 에치는 날'로써 손님도 없으니 접대도 없다.

- 용산만취龍山晩翠 – 용악산의 늦가을 푸르른 모습. 용산은 대성산의 다른 이름으로 늦가을에도 소나무가 많아 푸른 모습이다.

- 마탄춘창馬灘春漲 – 마탄(대동강 북쪽여울)의 물이 봄에 넘치는 모습

마탄에 봄이 되면 합장강 상류 성천 쪽에서 눈 내린 물이 쏟아진다. 기운생동의 봄 기운은 마탄의 여울물 소리로부터 느꼈다는 말이다.

기성팔경은 내로라하는 문사들이 즐겨 노래했다. 한국고전종합DB에 검색하면 성현의 『허백당집』을 비롯하여 숱한 문집에도

등장한다.

이상과 같이 기성팔경을 들고 있지만, 민요 가락으로 기성팔경을 노래하기도 했다.

일명 '서도좌창 기성팔경'의 일부를 소개하면 다음과 같다.

> 모란봉이 주산 되야 평양성이 되얐으니 / 대동강은 청룡수요, 보통강은 백호수라.
> (중략) 강상 풍경은 옛일인데 인생은 일거一去에 무소식이로구나 / 장생불로 못 하는 일 더욱 슬퍼하노라.

이렇게 끝을 맺고 있다. 가사를 보면, 평양을 이해하는 방식이 풍수지리설에 따라 지형지물을 설명한다는 점이다.

금수산, 빼앗긴 이름에도 봄은 오는가

삼월이라 아지랑이, 온 세상에 봄빛 가득하고	三月流絲滿目春
복사꽃 뜬 강물 이어 푸른 강물 새로워라	桃花水後綠江新
시골 처녀는 늦봄 경치 아쉬워하는데	村娥解惜年華晚
금수산에는 비단옷 입은 사람들로 북적이는구나	錦繡山多錦繡人

- (其百三) 錦繡山, 申光洙

금수산에 대한 옛 기록부터 살펴보자.

세종실록지리지에 의하면,

　'금수산錦繡山'은 평양부의 북쪽에 있는데, 고을사람들이

기성도병箕城圖屛 속의 금수산 주변

진산鎭山이라 일컫는다.

'을밀대乙密臺'는 곧 금수산 꼭대기에 있는데, 평탄하고 흰칠하다. 대臺 아래 층안層岸 위에 누樓가 있으니, 이름을 부벽루浮碧樓라 하는데, 보이는 경치가 이루 다 기록할 수 없다. 옆에 영명사永明寺가 있으니, 곧 동명왕의 구제궁九梯宮이다. 안에 기린麒麟을 기르던 굴窟이 있는데, 후인後人이 비석을 세워서 그 사실을 기록하였다.(하략)

― 세종실록지리지 '평양부'

이처럼 금수산은 평양성의 북동쪽 끄트머리에 있는 산이다. 그 산의 품 안에 을밀대, 모란봉, 최승대, 영명사, 부벽루가 안겨 있는 셈이다. 하지만 지금은 어떤가?

2023년 1월 현재, '금수산'이란 산은 평양의 지명에서 슬그머니 사라졌다. 과연 금수산의 본래 위치를 아는 사람은 얼마나 될까? 장담컨대, 열에 한두 사람도 없을 것 같다. 이유인즉, '금수산'이란 고유 명칭은 이미 '금수산태양궁전'으로 통하기 때문이다. 다시 말해 김일성 부자父子(시신)가 훔쳐가 버렸기 때문이다.

김씨왕조 우상화의 수단으로 금수산을 징발해 갔는데도 어느 누구도 이의를 제기 하는 사람이 없다.

 본래 금수산은 어디에 있었단 말인가? 위 그림을 보면 금수산 주변이 환히 보인다. 그림에서 보듯, 금수산 자락에는 명소들이 많았다. 좌측 봉우리가 모란봉이고 그 아래 을밀대가 있다. 모란봉은 그 모양이 모란꽃을 닮았다 하여 붙인 이름이고, 모란꽃은 곧 부귀영화의 상징이다. 모란봉 아래 을밀대는 을밀선녀의 전설도 있고 을밀장군의 전설도 있다. 우측으로 골짜기를 내려가면 북문인 현무문이 있다. 우측 봉우리가 최승대最勝臺이다. 그 아래로는 부벽루와 영명사가 있다.

 그림에서 보듯, 모란봉은 평양성의 북성에 속하지만, 최승대, 부벽루, 영명사는 북성 바깥에 있다. 만약 평양성 안에서 영명사, 부벽루, 최승대를 가려면 어떻게 가야할까? 대동문을 나와 청류벽 아래로 난 길을 따라 걸어가거나, 대동강에서 뱃놀이를 하던 사람들은 배를 타고 가는 게 지름길이다.

 이제 본문을 보자. 전형적인 선경후사先景後事, 먼저 경치를 그린 다음 일을 이야기하는 수법이다.

기구起句에는 '유사流絲'로 인해 눈目에 봄빛이 가득하다고 한다. 유사는 대동강변 아지랑이, 수양버들 늘어진 가지에 대한 비유다. 평양은 '류경柳京', 수양버들의 도시라는 걸 여기서도 알 수 있다.

승구承句에는 대동강에 복사꽃桃花 꽃잎이 떠내려 온 뒤에는 녹색으로 새로워졌다고 한다. 이는 복사꽃이 진 뒤에 대동강변 수양버들들이 일제히 새잎이 돋아 난 덕분이다. 강물에 비친 연초록 버들로 인해 녹색 강물로 변했다는 말이다.

전구轉句에는 시골 아가씨 한숨 소리가 들리는 듯하다.

'아이고~ 내 팔자야, 올봄에는 꽃놀이 도 한번 못 갔는데 벌써 봄이 저무네'

건너다보는 금수산 기슭을 보니 속이 더 뒤집힐 지경이다. 울긋불긋 비단옷 입은 사람들로 넘쳐 나니까 말이다. 금수산은 이름 그대로 오색 비단실로 수繡를 놓은 듯한 산, 봄철에는 연분홍 진달래로, 가을에는 오색 단풍으로 말이다.

빼앗긴 이름, 금수산을 언제 어떻게 찾을 것인가? 김씨왕조가 금수산을 미리전시관으로 훔쳐간 바람에 본 무대인 금수산은 사라지고, 배우들인 모란봉, 을밀대만 남은 형국이다.

금수산태양궁전

합장강
광명
금수산태양궁전
폐업
해자

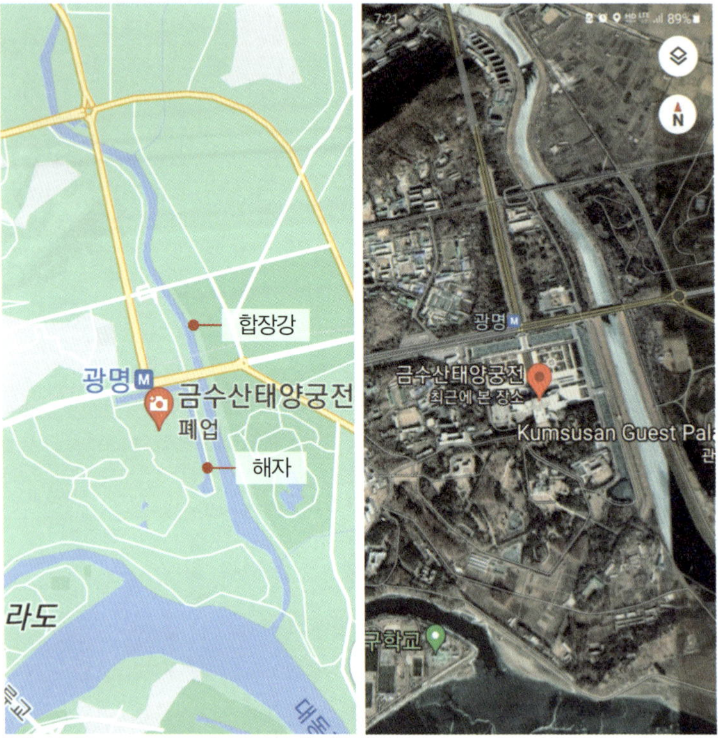

금수산태양궁전(구글어스) 주변

위성지도에 의하면, 빨간 점이 금수산태양궁전이다. 합장강 연안은 보통강 연안과 함께 평양의 상습침수 지역이다. 두 강 모두 대대적인 준설공사를 수차례 벌인 바 있는데, 1986년 서해갑문 건설 이후, 홍수 빈도가 더 늘었다고 한다. 평상시 지하수위가 높아졌기 때문이다. 홍수 예방을 위해서는 물그릇을 키워야 한다. 다시말해, 대동강과 합장강의 강바닥에 쌓인 토사를 걷어내야 한다. 그런데 갑문을 건설한 이후, 수위가 높아지는 바람에 준설작업도 녹록치 않다. 준설작업을 제때 못하기에 홍수빈도는 갈수록 높아진다고 한다.

태양궁전 앞에는 대동강 지류인 합장강이 흐른다. 즉 태양궁전은 합장강 강변 널따란 평지에 인공산 모양 콘크리트 건물을 축조한 것이다.

대칭적인 조경 평면이 베르사유 궁전을 연상케 한다. 절대왕정끼리 닮은꼴이다.

태양궁전 바로 앞쪽의 물은 합장강이 아니고 해자 성격이다. 합장강 범람 시 태양궁전의 침수를 막기 위한 일종의 완충지대이다.

김일성과 김정일 부자는 죽어서도 인민의 태양이다. 여전히 '유훈통치'라는 말을 버젓이 하고 있기 때문이다. 죽은 시신이 2500만 인민 위에 군림하는 나라, 그 정점에 태양궁전이 있으니, 어쩌면 진시황릉 보다 더한 영예를 누리고 있는 셈이다.

금수산태양궁전은 처음부터 태양궁전은 아니었다. 1973년 금수산의사당, 주석궁을 거쳐 김일성 주석 사후 기념궁전으로 2011년 12월 김정일 사후 태양궁전으로 바뀌었다.

금수산태양궁전 내 김일성 부자 동상

'미라의 유지 비용은 연간 80만달러. 한화로 8억 7000만 원 가량이다. 올해로 23주기를 맞는 김일성의 미라를 여태껏 보관하는 데 쓴 돈만 약 200억원이다. 50억원이 넘게 소요된 김정일 미라까지 함께 계산 하면 우리 돈 250억원에 육박한다.'

- 아주경제 2017. 12.19

2021년 3월 초, 김정은은 '제2의 고난의 행군'을 선포한 바 있다. 인민들의 제1 고충이 식량난이다.

만약 태양궁전 연간 유지비 8억 여원으로 식량을 수입한다면, ICBM 1발 발사에 드는 비용 2천만~3천만 달러(한화 240~360억원)로 식량을 수입한다면…

'인류 역사는 한 사람이 자유로운 시대로부터 만 사람이 자유로운 시대로 발전했다.' 헤겔의 통찰이다. 인권 차원에서만 봐도 김씨왕조는 조선왕조의 그것보다 더 후퇴한 셈이다.

금수산의 경우를 본다면, 북한 인민의 역사는 진보가 아니라 오히려 한참 퇴보를 한 셈이다.

선연동에 묻힌 꽃다운 넋이여

모란봉 아래 선연동 있네 牧丹峯下嬋娟洞
골짜기 아래 미인들 묻혀 풀빛은 절로 봄날이라네 洞裏埋香草自春
만약 신선술을 빌릴 수만 있다면, 若為借得仙翁術
그 옛날 으뜸 미인 불러올 수 있으련만 喚起當年第一人

― 嬋娟洞, 李達

    선연동은 평양 북쪽 모란봉 너머 지명이었다. 그곳에 기생들의 공동묘지가 있었다. 예로부터 뭇사내들이 장난삼아 이르기를, "선연동 속의 혼이 되기를 바라나이다"라고 했다. 이 말이 무슨 뜻이겠는가? 모름지기 나비들이란 죽어서도 꽃밭에서 놀고 싶다

기성도

선연동은 평양기생들의 최후의 안식처이다. 칠성문 너머 을밀대 뒤쪽 골짜기에 있었다.

는 뜻이 아니겠는가.

화자인 손곡 이달이 서경(평양)에 놀러갔다가 선연동을 지나게 되었다. 때마침 장난기도 발동하여 위 시를 지었다. 만약 신선의 도술을 부릴 수만 있다면 잠든 기생들 중에 최고 미인을 불러내고 싶다고 말이다. 풍류남아로 다분히 익살이 느껴진다.

자고로 기생 무덤을 지날 때 희롱詩를 남긴 이가 어디 한둘이었 겠는가. 예컨대 다음 시조를 보자.

> 청초 우거진 골에 자느냐 누웠느냐 / 홍안은 어디 두고 백골만 묻혔나니 / 잔 잡아 권할 이 없으니 그를 설워 하노라
> ― 임제林悌(1549~1587)

풍류남아 백호 임제가 그랬다. 송도명기 황진이 무덤을 찾아가 이 시조를 남겼던 것. 화자 이달은 이 시를 읊고 난 뒤, 여관에 돌아와 깜박 잠이 들었다. 장난기로 읊었지만 내심 조우를 간절히 바랬던 것일까?

화자 이달은 누군가 자신의 상투를 어루만지는 듯하여 가만히 눈을 떴다.

눈앞에 꽃단장을 한 낭자, 아리따운 기생이 아닌가, 주위를 둘러보니 차례를 기다리는 기생이 한둘이 아니었다. 나긋나긋한 말이 가관이었다.

"첩들은 선연동 속 여인입니다. 낮 동안에 은혜를 베푸시어, 귀하신 분께서 이곳을 찾아주셨습니다. 숨어 살던 귀신들이 빛을 만난 거나 다름없는 일이오니, 진심으로 감사드립니다."

새벽 종소리가 침상에 들려오기에 이달이 놀라 깨어 보니, 한갓 꿈이었다. 이튿날 이달이 선연동을 찾아 차와 술을 바치고는, 시를 지어 그들을 모셨다.

오, 향기로운 혼이 아직도 옛 모습 비슷 그 옛날의 이부인을 오늘 다시 뵙는구려

– 이덕무《청비록》

그렇다면 평양에 들른 관료들이 언제 어떻게 선연동에 들렀을까? 연행기록〈계산기정〉의 일부를 옮겨본다.

(음력 10월 25일경) 평양에 당도하여 대동관에서 3일을

신현규 저, 「조선기생 선연동 연구」, 보고사

체류하는 동안 연광정, 구주단, 한사정, 인현 서원, 충무사, 무열사, 부벽루, 청류벽 등을 두루 찾아다녔다.

평양을 떠나는 날에는 서행로 西行路로 연결되는 보통문으로 나가지 않고 칠성문으로 나가 기자암과 선연동을 구경했다.

— 출처 ; 1803 《계산기정》

평양은 자고로 색향色鄕이었다. 관기官妓제도가 있었기 때문이다. 관기는 사신 접대 및 각종 의례를 위한 공식 연예인이었다. 단순히 성적노리개로 치부하기엔 관기의 업무가 실로 다양했고 또한 막중했다. 아마도 평양기생의 명성을 유지하는데 이곳 선연동도 한 몫 했을 것이다. 내로라하는 문사들마다 이곳을 찾아 추모시詩을 남겼으니 말이다.

2023년 현재, 지금 선연동은 어떻게 변했을까? 김씨왕조에서 선연동을 기념할 리가 있을까 싶다. 설령 조선시대 기생은 봉건왕조 관료들이 남긴 죄악의 하나쯤으로 여긴다 해도 그 증거로 기념비 하나쯤은 남겨둬도 좋을 것 같은데, 지금으로선 확인할 길이 없다.

만약 평양관광을 하는 날이 온다면, 모란봉과 을밀대 뒤쪽 선연동 안부도 꼭 확인하고 싶다. 혹시라도 꿈속의 만남을 고대하며 말이다.

환청처럼 들리는 말이 있다.

아직도 모르시오? 21세기 대명 천지에 선연동타령이 웬말이요? 아직도 모르시오? 선연동의 넋들이 모조리 환생한 동네가 있단 말이오! 여태 모른단 말이오? 첫 번째가 모란봉악단, 두 번째가 왕재산예술단!

왕재산예술단 공연(유튜브 캡쳐)

보통문 나루에서 손님을 전송하다

성 서쪽에 길이 숫돌 같이 평평하고
길 따라 수양버들은 십리에 늘어섰네
하늘하늘 황금빛, 만 가닥인데
봄바람 불어 길손을 묶어 두질 못하네

먼지가 없는 것은 가랑비 내린 덕인데
요녕 땅은 돌아보니 구름이 어둑하네
소매 잡고 술잔 들고 차마 못 가는데
벗들은 다시 송별가를 불러주네

城西一路平如砥
挾路垂楊連十里
裊裊黃金万縷絲
不繫春風遠遊子

輕塵不起微雨過
幽燕回首愁雲多
攀裾把酒不忍去
旁人更唱驪駒歌

- 普通送客, 成俔

보통문 앞에 나룻배가 떠가는 전경(일제강점기 엽서)

 대동강이 평양의 바깥양반이라면 보통강은 안방마님이다. 보통강은 평양의 안방 속에 들어앉아 있기에 상대적으로 덜 알려져 있다. 하지만 보통강은 평양팔경 중의 하나로 '보통송객普通送客'으로 유명하다. 위 시의 제목이기도 하다.
 첫째 수를 보자. 평양성 서쪽에 외길이 숫돌처럼 평평하고, 길 따라 수양버들이 십리나 뻗어있다. 보통강 강변, 수양버들 길이다. 대동강 역시 수양버들이 많기에 평양을 '류경柳京'이라 한다. 수양버들이 황금빛을 띠고 하늘하늘 만 갈래로 흔들리고 있다. 수양버들이 황금빛을 띠는 시절은 분명 봄철이다. 봄바람은 붙들어 맬 수 없으니 길손도 멀리 떠나려 한다.

둘째 수를 보자.

길에는 가벼운 먼지조차 일지 않는다. 조금 전 봄비가 지나간 뒤라서 그렇단다. 서쪽 요녕성 쪽으로 고개 돌려 바라보니 구름이 많아 어둑하다. 손님의 소매를 붙들고 술잔을 잡아도 가는 이를 막을 수는 없다. 송별연에 함께 앉은 이들이 이별가를 다시 소리 높여 부른다고 한다.

그렇다면 송별연은 어디서 했을까? 주변을 두루 조망할 수 있는 자리, 그곳은 보통문 문루였을 것 같다. 예로부터 문루는 다용도 공간, 평화 시에는 전망대, 접대 연회 자리도 이고, 전쟁이 날 경우 전투지휘를 하는 장대將台로 변했으니 말이다. 송별연의 주빈은 누구일까? 화자 본인일 수도 있고, 중국사신일 수도 있다. 행선지는 대개 압록강 건너 요동 땅 지나 연경(베이징)이다.

작자는 허백당 성현이다. 조선 전기의 문인으로 『용재총화』를 지었다. 명나라 도 서너 차례 다녀왔기에 보통송객을 더욱 실감나게 지었던 것 같다.

20세기 중반으로 오면 그때 보통강은 어땠을까? 보통강은 '눈물의 강', '원한의 강'으로도 불렸다. 홍수가 빈발했기 때문이다. 1946년 5월 21일, 김일성 주도로 대대적인 개수공사를 벌인다. 사행천을 직강으로 바꾸고, 강바닥의 퇴적물을 준설하고, 제방을 높였다. 1971년에 25주년 기념비, 2006년 60주년 기념우표도 발행했다. 이후 홍수 피해는 줄었지만, 그래도 완전히 사라지진 않았다.

그 이유로 1986년 대동강 하구, 남포시에 서해갑문 건설로 인해 강물 수위가 높아져서 홍수 피해가 더 증가했다는 주장도 있고, 강물의 정체로 강의 오염도 날로 심해진다고 한다. 2022년 연말, 800세대 주택구가 준공된다. 과연 보통강은 낙원의 강, 행복의 강이 될지는 조금 더 지켜봐야 한다.

최근 (2022년) 들어 보통강이 세인의 주목을 받고 있다. 다름 아닌 '보통강 다락식 주택구', 보통강 강변에 계단식주택 800세대를 짓는 공사이다. 지난 2021년 4월 1일 착공 이후, 1년 만에 준공식을 열었다.

보통강변의 호화 빌라단지

보통강 강변에 800세대 고급주택단지가 준공되었다. 필자는 2021년 4월 착공 당시부터 건설 과정을 지속적으로 관찰한 바 있다. 건설 당시 위성사진(구글어스)에 의하면, 부등변 삼각형의 해당부지는 물론 주변 주요 건물들까지 확연히 드러난다.

800세대 다락식 주택구 위성사진(구글어스)

건설 당시 공식 명칭은 '보통강반 다락식 주택구'였다. '다락식 주택'은 경사진 언덕을 따라 계단식으로 주택을 배치한다. 앞쪽 건물의 지붕이 뒤쪽 건물보다 낮아 뒷 건물에서도 조망이 가능한 게 특징이다. 서울의 한남동 고급빌라단지와 흡사하다고 할 수 있다.

입지조건은 위성지도에서 알 수 있다. 왼쪽으로 보통강 운하가 있고, 부지 하단 왼쪽에 보통문이 있다. 부지 북쪽 끝의 우측에는 만수대기념비, 그 아래는 평양아동백화점이 있다. 그렇다면 이 건축 부지에는 본래 어떤 건물이 있었을까?

김일성과 김정일이 생전에 거주했던 5호주택 단지였다. 김정은은 아버지와 할아버지가 살았던 저택을 허물 정도로 배짱이 두둑한 것 같다.

2022년 4월, 800세대 주택단지의 준공식 행사는 코로나 정국에서도 대대적으로 벌인 바 있다. 이 주택단지에는 누가 입주한 것일까?

조선중앙방송에 의하면, 이들 주택은 공로자·과학자·교육자·문필가·근로자 등에게 선물했다고 한다. 대표적인 인물은 조

보통강 안 다락식 주택구(로동신문 / 포스터)

선중앙방송의 이춘히 아나운서로 준공식 당일 김정은의 손을 잡고 감격해 하는 장면이 방송되기도 했다.

  다락식 주택구는 한눈에 볼 때, 콩나물시루 같다. 즉 건축밀도가 너무 높은 편이다. 저층부는 채광, 통풍, 프라이버시 측면에서 그다지 높은 점수를 줄 수 없겠다. 집집마다 자가용 승용차가 없기에 망정이지, 있다면 공기 질마저 최악일 것 같다.

  또 한 가지 우려할 점은 오폐수처리장에 관한 것이다. 일설에 의하면, 보통강 안에 있는 섬에 하수종말처리장을 건설했다고 한다. 제대로 작동이 되는지 궁금하기 짝이 없다. 대동강과 보통강

경루동 주택단지 준공 모습(조선중앙통신 캡쳐)

은 수질오염으로 인해 한여름에는 악취가 심각하다고 하니 말이다. 2022년 4월, 보통강에도 대동강처럼 유람선을 운행하기 시작했다.

보통강 유람선 운행은 수질 정화에 대한 자신감인지, 아니면 성급한 환심사기인지는 좀 더 지켜 볼 일이다.

청류벽 길을 오르며

부벽루 깊은 밤, 촛불도 영롱해라,
앞 강에다 거꾸로 한 줄기 무지개 만들었네
백 척 청류벽 길, 오르고 또 오르니,
내 발길 아마도 회오리바람을 탔나보다

碧樓深夜燭玲瓏
倒作前江一道虹
百尺登登淸壁路
吾行疑是駕璇風

— 淸流壁, 이해응

'청류벽'은 대동강 기슭에 있는 벼랑이다. 위치는 평양시 중구역 경상동 모란봉 동쪽에 있다. 평양성 내성의 동문인 장경문(약도 56쪽 참조)에서 부벽루로 가는 강변에 푸른 낭떠러지가 깎아지른 듯이 서 있고, 바위 면에 '淸流壁'(청류벽)이란 세 글자가 크게 새겨져 있다.

청류벽 글씨(일제강점기 사진)

　청류벽은 부벽루나 영명사로 가기 위해 반드시 거쳐 가는 곳이다. 또한 청류벽 아래에는 대동강 뱃놀이 나루터도 있었다.

청류벽에 배를 매고 / 백은탄에 그물 걸어 / 자尺 넘은 고기를 눈살같이 회쳐 놓고 / 아이야 잔 자주 부어라 / 무진토록 먹으리라

대동강 달밝은 밤에 벽한사碧漢槎를 띄워 두고 / 연광정 취한 술이 부벽루에 다 깨거다 / 아마도 관서가려關西佳麗는 예쁜인가 하노라

- 윤유

이처럼 청류벽은 부벽루 달구경 때도 거쳐 가는 곳, 또한 대동강 뱃놀이든 그물질 이든 배를 매어두는 곳, 즉 풍류마당에는 늘 빠지지 않는 곳이다. 주연을 든든히 받쳐주는 조연인 셈이다.

조선 순조 때 동지사冬至使 사절단 의 일원으로 중국 연경燕京에 갔을 때의 견문을 기록한 책. 작자 미상으로 알려졌으나 최근 들어 사행단의 제술관 선비 이해응李海應(1775~1825)의 작품으로 밝혀졌다고 한다. '계산薊山'이란 '계구薊丘'와 같은 뜻으로 연경을 지칭하는 말이다.

이제 본문을 보자.

起句에는 깊은 밤, 부벽루의 촛불이 영롱하단다. 承句에는 그 불빛이 대동강 강물에 어려 한 줄기 무지개를 그린단다. 轉句에는 백척 높이를 오르고 또 오르는 청류벽, 백척은 길이만 30m이다. 금수산 최고봉인 모란봉이 해발 높이 96m이다.

비탈길인데도 불구하고 結句에는 내 발길이 회오리바람을 탔는지 가뿐하게 올랐다고 한다. 필시 마음에 쏙 드는 단짝이 있었을 터. 화자가 숨겨놓았으니 상상에 맡길 수밖에 없다.

화자는 아마도 부벽루에 달구경하러 가는 길인 듯하다. '부벽완월浮碧玩月' – 즉 부벽루에서의 달 구경을 위해 청류벽 옆길을 오르는 듯하다.

예로부터 '부벽완월'은 평양팔경 중 하나로 정월대보름 민속행사였다. 하지만 평양에 들른 사람이라면 대보름날이 아니라도 달구경에 나서기 마련이다.

"유람하는 선비와 기녀들이 청류벽에 이름을 많이 새긴다
(士女遊者, 多勒名清流壁)."

– 이상적

이처럼 청류벽 벽면에는 많은 사람의 이름이 어지러이 새겨져 있다고 한다.

원문에는 다음과 같이 작시 배경도 언급해 놓았다.

> '부벽루로 가는 길에 석벽이 있어 깎아지른 듯한데, 석벽면에 '청류벽淸流壁' 세 글자가 새겨져 있다. 밤에는 벼랑을 도는 초롱불이 여기 저기서 비친다. 평양에서 사흘을 묵는 동안 성색聲色(음악과 여색)과 음식을 밤낮 계속하다 보니 도리어 괴로움을 느끼게 된다.'
>
> — 作詩 배경 / 계산기정

화자 이해응은 연행사절단의 일원으로, 한양에서 연경(베이징)으로 가는 도중 평양에서 3일을 묵었고, 그곳에서 부벽루 달구경을 시로 읊었던 것이다.

조선조 선비들에게 평양구경은 일생일대의 꿈이었다. 아래 글을 보자.

청류벽 영명사 부벽루 전경(평양성도, 8폭, 19세기, 국립중앙박물관)

처음으로 패성淇城(평양)을 보고 부러워하기를 마지않으며 말하기를,

"내 나이가 장차 70이 되려 하고, 살쩍에 쌍옥雙玉(옥관자)를 달았고, 아들 있고 손자 있고 하니, 이 밖에 다시 무엇을 구하랴? 다만 천지간에 이런 별세계가 있음을 미처 몰랐다. 만약 나로 하여금 아름다운 기생 서너 명을 데리고 풍악과 술과 안주를 마련하여 싣고 능라도綾羅島, 부벽루浮碧樓, 청류벽淸流碧 밑에 배를 띄우고 놀게 한다면 죽어도 한이 없겠다."

라고 하였다. 나는 안安, 김金 두 겸인傔人을 부추기어 여러 가지 놀이 제구를 마련하여 가지고 함께 가서 밤새도록 놀다가 돌아오게 하였는데 소년들도 많이 따랐다.

– 박사호, 심전고心田稿

이처럼 조선시대 선비들에게 청류벽은 대동강 풍류놀음이라는 종합선물세트 중의 한 요소였다.

다시 말해 '청류벽' 하나만 보러 가는 게 아니라 영명사와 부벽

루를 보러 가는 길에 청류벽을 거쳐 갔던 것이다. 그 청류벽의 역사를 증명이나 하듯 청류벽에 뿌리박고 사는 회화나무가 지금도 왕성한 생명력을 자랑하고 있다고 한다.

청류벽의 안부

 2023년 지금 청류벽 주변은 어떻게 변했을까? 벽은 그대로인데 그 꼭대기에 새롭게 정자 청류정을 세웠단다. 원래 청류정은 평양성 내성의 서문인 정해문의 문루로 고구려 때 처음 세워졌다. 그 후로 중수를 거듭했으나 일제는 1927년에 문루를 헐어 현재 위치에 옮겨지었다. 6·25전쟁 동안 미군 폭격으로 심각한 피해를 입었다.

청류정 전경

지금의 청류정은 평양건설 대학에서 건물의 원상태를 살려 1959년 5월 15일에 준공한 것으로 그 후에도 수차례의 중보수를 통해 지금의 모습으로 보존 관리가 되고 있다. 따라서 청류정은 고지도에는 눈 닦고 봐도 나오지 않으니 찾을 생각은 아예 마시길 바란다.

청류벽 위로 청류정을 옮겨 세웠다. 본래 평양성 내성 서문의 문루-정해문-였으나 1927년 일제가

해체 후 청류벽 위쪽으로 이전했다. 6.25전쟁 통에 파괴되었던 것을 1959년 복원하였다.

청류정(북한 안내문)

위대한 수령 김일성 동지께서와 위대한 지도자 김정일 동지, 위대한 공산주의 혁명투사 김정숙 동지께서 주체 35(1946)년 3월 2일을 비롯 하여 여러 차례 이곳을 찾으시였다. 청류정은 본래 평양성 내성의 서문인 정해문에 세운 루정이였는데 내성의 동쪽 장대 (군사지휘처) 자리에 옮겨다 세웠다. 청류정은 우리 선조들 의 훌륭한 건축술을 보여주는 귀중한 문화유적이다.

- 평양시 인민위원회

천년의 절창, 임을 보내며

비 개인 긴 강둑에 풀빛 짙은데
남포로 임 보내며 슬픈 노래 일렁이네
대동강 강물은 언제나 마를까
이별 눈물, 해마다 푸른 물결에 보태지는데

雨歇長堤草色多
送君南浦動悲歌
大同江水何時盡
別淚年年添綠波

– 送人, 鄭知常

요즘은 공항의 이별이 많다. 옛날에는 포구의 이별이었다. 화자는 남포로 임을 전송하는 애달픈 심정을 노래했다. 어떤 이는 '남포에서 임 보내며'라고 했는데 이는 잘못이다. 임이 가는 목적지가 남포이다. 설마하니 그 임이 강 건너 마을에 가는 건 아니었을

모란봉에서 영명사 전경(일제강점기 사진)

테고, 아마도 먼 곳으로 떠났을 터. 지금에 비긴다면 평양(순안) 공항의 이별 정도 되겠다.

떠나는 이는 낭군君이요, 떠나보내는 이는 낭자娘이다. 이 구도는 20세기 후반까지도 변함없었다. 단적인 예로 심수봉의 노래, '남자는 배, 여자는 항구'처럼 말이다. 위시의 원제는 '送人' 또는 '大同江'이다. (*출전 東文選에는 送人이고, 大東詩選에는 大同江이다.)

이 詩는 한때 고교 교과서에도 실렸다. 천고의 절창이라는 뜻이다. 하지만 달리 보면 그동안 천년 이상 우려먹을 대로 우려먹었는데 또 우릴 게 뭐가 있을까? 비가 내린 뒤, 대동강 긴 강둑에 풀빛이 짙다. 결구에도 '녹파綠波', 푸른 파도라고 한 걸 보면 강물에 비친 수양버들이나 산 빛도 푸르다는 뜻이니, 늦은 봄이나 초여름쯤 되겠다.

예로부터 평양은 '류경柳京'이라 했다. 뾰족한 피라미드 같은 평양의 랜드마크 류경호텔(1987착공~준공 미정)도 거기서 유래했다. 대동강변에 수양버들이 많았으니, 남포나루에도 응당 버들이 많았을 테다.

남포에는 이별이 많았다. 이별의 당사자들이 흘린 눈물 또한 얼마나 많았을까? 배가 떠날 때면 언제나 눈물을 쏟아냈을 테니, 대동강 강물은 마르려야 마를 수가 없다. 해설은 늘 이런 식이다.

 필자의 생각은 좀 다르다. 연인의 이별은 단지 비유일 뿐 화자의 진짜 속내는 따로 있을 수 있다. 그건 화자 본인의 타지 유학에 대한 간절함이 아니었을까? 그도 그럴 것이 시대는 고려중기, 화자의 고향은 서경(평양)이다. 이 시를 지은 시기는 소년시절, 그 소년은 오매불망 개경 또는 중국(남송)으로 가고 싶었을 터.
 그렇다면 남포는 어디란 말인가? 세 가지 장소를 들 수 있다. 첫 번째는 '남쪽의 나루'가 아니라 '이별하는 나루'하는 설이다.

 그 근거는 '전국시대 초楚나라의 굴원屈原이 지은 〈구가九歌 동군東君〉 시에 이르기를 "그대와 손을 마주 잡음이여, 동쪽으로 가는도다. 아름다운 사람을 전송함이여, 남쪽의 물가에서 하는도다.(子交手兮東行 送美人兮南浦)" 한 데서 나온 말이다.'
  – '동명집' 각주(정선용 역), 한국고전종합DB에서 재인용

 두 번째는 평양성 외성에 있는 남호南湖에 있는 나루일 것 같다.

남호는 보통강 하구에 있는 지명이다. 평양성의 남문인 함구문이나 외성의 영귀루, 쾌재정에서 볼 수 있다. 남호는 강폭이 넓어서 호수처럼 잔잔해서 붙인 이름이지 실제 호수는 아니다. 남호에서 중국 사신들이 뱃놀이를 즐기기고 했고, 이곳 나루를 남포로 불렀을 수도 있다. 하지만 지척에 있는 곳인데 애달파할 이유가 없다.

세 번째는 대동강 하구에 있는 남포항이다. 지금은 행정구역상으로 남포시에 있다. 고려시대 남송으로 가려면 일단 남포로 가야한다. 평양에서 남포까지는 직선거리로 약 60km 떨어져 있다. 이곳에 가면 서해를 건너 남송으로 가는 큰 배를 탈 수 있기 때문이다.

2022년 현재, 대동강 하구에는 서해갑문(1986). 서해갑문 안쪽에 국제무역항인 남포항이 있다. 서해갑문 덕분에 대동강이 운하로 바뀌었고 수심이 깊어진 덕분에 남포항이 국제항이 되었다.

소년 정지상은 남포에서 대처로 떠나는 이들이 얼마나 부러웠을까? 그 걸 연인들의 이별에 빗대었지만 그건 핑계일 수 있다. 진짜 속내는 유학을 못가는 신세 한탄일 수도 있다.

소년 정지상은 성장하여 청운의 꿈이었던 개경 유학을 실현한다. 드디어 출세하여 그리운 고향, 서경으로의 금의환향의 꿈, 그 꿈에 목을 맸던 나머지 묘청의 서경천도 거사에 휘말려 최후를 맞게 된다. 대동강 그 물결 위에는 정지상의 영혼도 통한의 눈물을 보태는 듯하다.

서해갑문, 동서대운하의 시작인가

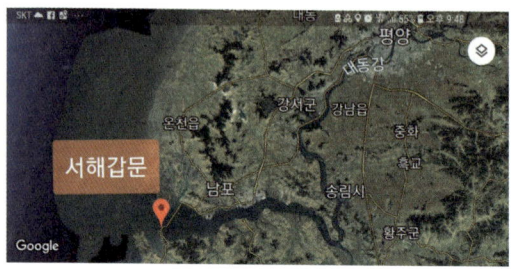

서해갑문(구글어스)

　서해갑문西海閘門은 대동강 하구에 있다. 행정구역상으로 남포시에 있기에 '남포갑문'으로도 불린다. 1986년 준공되었고 이로 인해 대동강은 내륙운하가 되었다. 내륙운하를 위해 서해갑문 이외에도 송림, 미림, 봉화 등 5개 갑문을 더 건설한 바 있다.

　내륙운하로 인해 얻은 것도 많지만 잃은 것도 많다. 얻은 것이라면 첫째, 서해갑문으로 인해 국제항인 남포항이 탄생한 것이다. 둘째, 대동강의 수위를 높여 평양 도심까지 선박 운행이 가능하다는 점이다. 대동강과 보통강에 유람선이 운항할 수 있는 것도 순전히 갑문 덕이다. 셋째, 대동강 하구에 바닷물 유입을 방지하여 경작면적을 늘린다는 점이다.

잃은 점 역시 많다. 첫째, 강물이 정체되는 바람에 수질오염이 심하다. 둘째, 한겨울에는 대동강이 꽁꽁 얼어 선박운항이 불가하다는 점이다. 셋째, 강물의 정체로 인해 퇴적물이 쌓인다는 점이다.

일설에 의하면, 서해갑문은 동서대운하를 위한 전초전이었다고 한다. 동서대운하는 김일성의 꿈으로 서해와 동해를 내륙운하로 연결하는 구상이다. 동서대운하는 1994년 김일성 사망과 함께 슬그머니 자취를 감췄는데, 2022년 김정은에 의해 새롭게 등장했다. 하지만 해발 1천m 이상인 마식령산맥을 통과해야 하기에 북한 기술이나 자본력으로는 불가능하다는 게 거의 확실하다. 차라리 운하 대신 동서고속철이 훨씬 저렴한 것으로 판단된다.

서해갑문 전경과 준공식 그림(우측)

을밀대 - 선연동 - 영명사 - 모란봉
평양시가도, 8폭, 19세기, 세종대학교박물관

평양 기생 주특기

3부

포구락 장면(평안감사향연도 – 전 김홍도 작)

교방은 기생을 양성하는 학교 겸 관리소였다.
'(평양) 교방敎坊의 설립은 오래 되었으니 '사신 행차'의
고단함을 위로하고 여행의 즐거운 이야기를 나누게 하기 위한
것이며, 또한 태평시대를 장식하는 일이다. (하략)'
– 윤두수,『평양을 담다平壤誌』, 권3(이은주 역) 116쪽

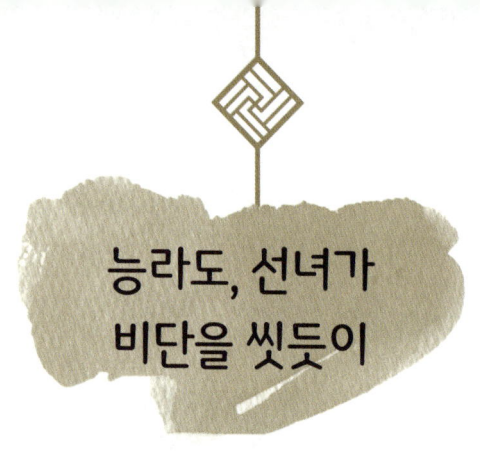

능라도, 선녀가 비단을 씻듯이

봄 비단 나뭇가지마다 생생하게 빛날 때	春羅拂木爛生華
비는 씨줄, 안개는 날줄이 되어 온갖 경치 더하네	雨緯煙經百態加
마치 월나라 시내, 휘영청 달밤에	疑是越溪明月夜
곱게 단장한 선녀가 비단을 씻는 것 같네	半粧仙女浣輕紗

— 綾羅島, 河演

　능라도의 봄 풍경을 노래하고 있다. 봄비단을 나무 마다 펼친 듯, 마치 찬란한 꽃이 피어 난 듯하다. 봄비가 내리고 물안개가 모락모락 피어 온갖 자태가 더해지네. 마치 월나라 시냇가, 휘영청 달밤에 미녀 서시가 비단을 씻고 있는 듯하네

구글어스로 본 능라도 전경

'반장半粧(仙女)'는 무슨 뜻일까? 반쯤 단장한 선녀, 꾸민 듯 꾸미지 않는 듯한 화장이 더 매혹적인 법이다. 선녀는 본래 생얼 미인일 텐데 거기에다 반쯤 화장을 했으니 얼마나 예쁘겠는가.

화자 하연은 여말선초 인물이다. 당시에는 월나라 서씨를 등장시켰다고 아무도 사대주의자라 나무라는 이도 없었다. 당시에는 중국과 조선 사이에는 문화적 경계를 짓지 않았다는 말이다.

화자는 어디서 능라도를 바라보았을까? 평양성의 누대, 즉 을밀대, 부벽루, 연광정 중 한곳에서 능라도를 내려다 본 모습이다. 능라도는 평양의 전래 민요에도 등장한다.

'불이 붙는다 불이 붙는다. 의주통군정 붙는 불은 압록강 수로 꺼주련마는,
(중략) 삼산반락三山半落은 모란봉이요 이수중분二水中分에 능라도로다.
능라도며 을밀대요, 청류벽이며 붙는 불은 대동강수로 꺼주련만, '이내 일신에 사시로 붙는 불은 어느 유정친구가 꺼 준단 말이오, 꺼 줄 사람 없고 믿을 친구가 없어서 나 어이나 할거나'

– 민요 '엮음 수심가' 중에서

대동강 노래에는 반드시 능라도가 들어간다. 능라도는 대동강의 하중도 중에서 가장 큰 섬이다. 조선시대에는 이 섬에도 사람들이 살았지만 그리 많지는 않았다. 그 이유는 홍수가 발생했을 경우, 피해가 컸기 때문으로 보인다. 관련 기록을 살펴본다.

'평안 감사 정창성鄭昌聖의 장계狀啓'에,

"지난달(1789.6.6) 24일, 25일, 26일의 비에 대동강大同江 물이 불어 넘쳐서 능라도綾羅島는 집 전체가 떠내려간 것이 8호戶이고 집 전체가 무너져 내린 것이 5호이다. 양각도羊角島는 집 전체가 무너져 내린 것이 2호이고, 성城 주변의 물가와 강가 위아래 지역은 집 전체가 떠내려간 것이 53호이고 집 전체가 무너져 내린 것이 582호인데, 사람은 다행히 수재를 당해 죽는 것을 면하였습니다.

– 정조실록

이 기사를 보면, 능라도와 양각도에도 사람들이 살았던 것을 알 수 있다. 하지만 2023년 1월 현재, 능라도와 양각도에는 체육시설 및 위락시설만 있을 뿐 일반 주민들은 살지 않는다고 한다.

능라5.1경기장의 명암

능라도5.1경기장 주출입구 중 한 곳

지금의 능라도는 어떤 모습인가? 1989년 이후로 비단폭을 펼친 듯한 섬 위에 우뚝하게 솟은 건물이 있다. 마치 거대한 은빛 낙하산이 내려앉은 듯 하다. 바로 능라도5.1 경기장이다. 높이도 을밀대와 어깨를 겨룰 정도다. 설계를 두고 북한이 자랑하는 말이 있다.

능라도5.1경기장 출입구가 99개에 달해 15만 명이 꽉 차도 경기장을 빠져 나가는데 30분이면 충분하다며 '지붕 길이가 100m

에 달해 관중들이 비를 맞지 않고 경기를 볼 수 있다'고 말했다.

아다시피, 이 경기장은 1989년 「제13회 세계청년학생축전」이 열렸던 곳이다.(당시 한국외국어대학교 학생이던 임수경이 '전대협' 대표로 참석하여 대대적 환영을 받았다.) 이후에도 집단 체조인 '피바다', '꽃파는 처녀' 등 대규모 공연하기도 했다.

이런 자랑과는 달리, 반대 의견도 만만찮다. 조금 길지만 탈북민 건축가 김영성의 신선한 비평이니 인용해 본다.

주변과 부조화

15만 석의 5.1 경기장은 모란봉 밑 대동강의 능라도에 놓여있다. 경기장으로하여 대동강 기슭의 수려한 풍경은 사라지고만 셈이다. 평양의 자연 상징인 청류벽도 모란봉도 찾아보기 힘들다. 왜냐하면 경기장의 알미늄 지붕 높이가 모란봉 높이 만하여 마치 알루미늄 산이 우뚝 솟은 것 같다.

거대 지붕의 폐쇄감

경기장에 들어가보면 채양이 아득히 높고 평면상 모든 좌석을

다 덮었기 때문에 하늘을 내다보는 지붕 개구가 대단히 작아 보인다. 그리하여 관중들로 하여금 마치 거대한 항아리 속에 들어간 감을 자아내며 야외경기장으로써 시원한 감이 전혀 없다.

천연잔디 대신 인조잔디

그늘져 7, 8월을 제외하고는 관중들에게 서늘하다 못해 추운 감을 준다. 정오를 벗어나면 경기 코스의 대부분이 그늘에 놓인다. 실제로 년중 햇빛을 전혀 못받는 경기 코스 내의 구간이 있어서 잔디가 죽어 애먹는다.

능라도5.1경기장의 내부(조선중앙TV 캡쳐)

단 1개 접속 교량-능라교

이 경기장에로는 왕복 4차선인 1개의 교량뿐 이어서 행사를 위해 경기장을 채우는 데만 7~8시간 걸린다.

행사 후의 철퇴 조건 역시 말이 아니다. 13차 축전 때와 남북 축구 경기 때 오후 4시부터 시작하는 관람을 위해 사람들은 새벽부터 시달린다.

– 특별강연 김영성, 북한의 건축양식들, 대한건축학회, 9307, 72~73쪽

'보란듯이!' 북한 당국이 즐겨 쓰는 말이다. 류경호텔이 그렇고, 5.1경기장이 그렇고, 완공 직전에 중단된 원산갈마국제관광지구가 그렇다. 능라도5.1경기장 역시 그렇다. 규모는 세상이 보란 듯이 세계 최대 경기장이었지만 지금은 아니다. (2020년까지 세계 최대였고, 지금은 2위로 밀려났다.)

가성비로 따진다면 실망스런 경기장임에 틀림없다. 왜냐하면, 세계 최대 카드섹션 쇼를 유료 입장객을 대상으로 펼친다고 해도 과연 1년에 몇 번이나 공연한단 말인가. 능라도 5.1경기장 역시 류경호텔과 같이 세계 최대 '빛 좋은 개살구' 중의 하나인 셈이다.

평양기생 주특기

평양기생은 대체 뭘 잘하는고?　　　　　平壤妓生何所能
노래면 노래, 춤이면 춤, 시 또한 잘 짓지요　　能歌能舞又能詩
잘하는 것 중에 특별히 잘 하는 게 뭐 없는고?　能能其中別無能
휘영청 달 아래 '서방님~!' 부르기를 제일　　月夜三更呼夫能
잘 한다오

— 無題, 金笠

　평양은 예로부터 색향色鄕이었다. 추월이, 계월향, 한우, 만전춘 등. 정사든 야사든 간에 이름을 남긴 명기들도 즐비했다. 평안감사를 자원하는 이도 많았을 뿐 만 아니라, 기생들 중에도 평양 교방에 적을 올리고 싶은 이들이 많았단다.

전傳 단원 김홍도, 『운우도첩雲雨圖帖』 중에서

평양 기생의 명성이 과연 진실인가, 거짓인가? 그 진위 여부를 알고 싶어 안달이 난 한 한량선비가 직접 평양에 잠입하여 당대 기생 68명을 직접 만나 인터뷰를 딴 사람까지 있었으니, 그의 이름은 한재락, 그가 엮은 대담집이 바로 『녹파잡기綠波雜記』이다.

평양기생 주특기 중에 가장 뛰어난 것이 무엇일까? 그 중에 하나가 방중술이었다. 그 묘기에 녹아난 한량들은 헤아릴 수도 없이 많았다. 그 끝은 물론 파산이었을 터. 이를 방증하는 예화 중에 가장 재밌는 게 바로 '이춘풍전'이다.

한량 춘풍이 평양기생 추월이에게 홀라당 넘어갔다. 추월이에게 빠져 빈털터리가 된 춘풍, 급기야 추월의 하인으로 전락하고 만다. 이때 짜잔~ 하고 등장한 신관 사또의 수석비서인 비장, 그의 활약으로 춘풍은 추월 치하에서 가까스로 벗어난다. 알고 보니 그 비장의 정체는 남장 여인으로 춘풍의 아내! 그녀의 기지로 반전을 거듭하는 이야기다.

또 있다. 백호 임제와 기생 한우寒雨의 사랑 놀음도 떠오른다.

북천이 맑다커늘 우장 없이 길을 나니 / 산에는 눈이 오고 들에는 찬비로다 / 오늘은 찬비 맞았으니 얼어 잘까 하노라

― 임제

'어이 얼어 자리 / 무삼 일 얼어 자리 / 원앙침鴛鴦枕 비취금翡翠衾 어디 두고 얼어 자리 / 오늘은 찬 비 맞았으니 녹아 잘까 하노라'

― 寒雨

장군 멍군이다. 우열을 가리는 건 부질없다. 식전 행사가 이 정도였으니 본 경기는 얼마나 황홀했겠는가.

본론으로 들어가자. 풍류남아 김삿갓이 색향 평양에 들렀다. 꽃 본 나비가 담장을 못 넘으랴? 조선의 카사노바! 김삿갓이 그냥 지나칠 리가 있겠는가?

위 시는 삿갓과 평양 기생의 대거리, 즉 삿갓이 묻고 기생이 답하는 형식이다. 휘영청 달 아래, 원앙침 긴 베개를 베고 마주 누운 두 남녀! 그 수작하는 정경을 상상해 보시라.

기승전 구句까지는 뻔한 이야기라 굳이 해설이 필요 없겠다. 결구의 해석을 두고 의견이 분분하다. 삼류문사 박하의 18금 수준 해설을 소개해 본다.

야반삼경도 아니고 굳이 월야삼경月夜三更일까? 야반삼경은 과부보쌈에 적격이지만, 달밤삼경은 어디에 좋을까? 인공조명 호롱불보다는 천연조명 달빛이 천지합일, 무드 잡기에는 훨씬 더 좋을 법하다. 그 달빛을 즐기려면 안방 보다는 대자연 품이 더 좋은 건 불문가지! (그래서 '야합野合'이란 말이 생겼다.)

다음으로 '서방님夫 부르기'는 또 웬 말인가? 아마도 음향효과를 뜻하는 것 같다. 예컨대 생음악이 있고 없고는 무성영화와 유성영화의 차이라고 해야겠다. 기왕 내친 김에 김삿갓이 떠벌렸음직한 야하디야한 이야기 한 편을 소개한다.

신윤복, 「춘화감상」

밤 묘기를 미리 익힌 처녀
– 여자의 여섯 가지 묘기六戲

생기기는 제법 예쁘장하게 생겼으나 행실이 단정치 못한 한 처녀가 있었다.

열네댓 살 잡히자 그의 부모는 처녀를 시집보내려고 혼인날까지 받아 놓았다. 어느 날 저녁 처녀가 무슨 일이 있어 이웃집에 가니 젊은 사내가 농을 걸며 수선을 떨었다.

"네가 며칠 안 있으면 시집을 간다지. 그런데 사내와 같이 자는 법을 미리 익혀두지 않았다가 갑자기 신랑을 만나서는 어쩔 셈이냐. 네가 이제 큰 봉변을 당하지 않나 두고 보아라. 너 큰일났다."

그 말을 들은 처녀는 겁이 더럭 났다.

"큰일 났다고 말만 하지 말고 좀 가르쳐 주어요."

"그쯤 한 걸 가르쳐주기야 식은 죽 먹기지."

사내는 처녀를 끌고 집안에 들어가 한바탕 재미를 보고나서 또 말하였다.

"여자는 사내와 노는데서 여섯 가지 묘미를 갖추어야 하는 거야. 그래야 사내의 흥을 돋궈줄 수 있거든. 그걸 육희라고 하지.

여자가 사내의 귀염을 받고 못 받는 것이 도시 그 육희에 달린 거란다."

"육희라는 게 무언가요?" 그러자 사내가 육희를 내리 외웠다.

빠듯이 들어가는 좁은 구멍 첫째요, 동지섣달 온탕 천 따스하기 둘째고

자근자근 씹어주는 물어 주기 셋째면, 요리조리 엉덩이짓 요분질이 넷째요

너무 좋아 숨 넘어 간다 소리치기 다섯째, 가죽방아 요 맛이야 얼른하기 여섯째

"이게 사내들이 좋아하는 육희라는 거야. 너는 아직 엉덩이를 흔드는 요분질과 소리치기가 없으니 그게 흠이다."

– 북한 사회과학원, 『야담삼천리』, 현암사, 2000

위 이야기가 실린 원전은 북한 발행의 『야담삼천리』이다. 그야말로 19금 수준으로 아연실색할 지경이었다. 설상가상 이 책에는 김삿갓도 갖고 있을 법한 '남자의 여섯 가지 보배六寶' 이야기도 실려 있었다. 성평등 차원에서 이 글도 마저 소개한다.

사내의 여섯 가지 보배六寶

김진사가 먼저 말했다.

"뭐니 뭐니 해도 계집이 좋아 하는 것이야 사내의 쟁기가 굵직한 것이지!" 라고 하자 리생원이 손을 홰홰 내저었다.

"그만두게. 계집이 좋아하는 건

북한 사회과학원이 엮은 야담삼천리 표지와 해당 삽화

잘 놀아주는 것일세. 사내의 쟁기가 크건 작건 그게 무슨 상관이란 말인가"

리생원이 한사코 우겨대니 김진사도 할 말이 없게 되었다.

말씨름을 하다못해 두 사람은 나한테 찾아 왔다.

"이것 보우, 누가 옳은지 몇 마디 말로 좀 갈라주우"

"사내가 계집이 무얼 좋아하는지 알 수가 있나. 옛 사람들의 일을 들어 말할 셈이면 중국 진나라 때 태사공 려불위가 아래 것이 큰 로이라는 자를 찾아내여 쟁기에 동 가락지를 끼우고 그 일을 벌리게 하였다더군. 그랬더니 태후가 소문을 듣고 그를 불러 한번 맛을 보자부터는 끔찍이 귀애하였다네. 그밖에 전하는 말로는 당나라 무측천도 쟁기가 큰 사내를 무척 좋아했다더군.

의서에서 젊은 사내가 좋다고 한 것도 한창 나이 때에 쟁기가 제일 크기 때문일세. 이만하면 판가름이 되겠나?"

내 말에 김진사는 무릎을 쳤지만 리생원은 그래도 부득부득 옹고집을 세웠다. 마침 늙은 기생 하나가 지나가길래 그를 불러들여 자초지종을 말해 주었다.

"이 두 사람이 서로 제가 옳다고 우겨대니 네가 좀 시비를 갈라주어라. 이 일이야 사내보다 녀자가 잘 알 테지. 네가 평생에 겪어

본 사내가 한둘이 아닐 터이니 이런 송사 처결에 너를 당할 사람이 있겠느냐."

김진사와 리생원이 싱갱이 질을 하는 리유를 들은 기생은 까르르 웃음보부터 터뜨렸다.

"그 일이라면 쇤네가 자신 있습니다. 제가 겪을대로 겪은 일이니 단 마디로 여쭐 수 있습니다."

기생은 리생원을 돌아보며 넌지시 말하였다.

"사내의 굵직한 쟁기가 음문 안에 쑥 들어올라 치면 녀자의 마음은 벌써 둥둥 뜨기 마련이랍니다. 나리께서는 밤 재미의 여섯가지 보배를 모르시는가 부죠? 그걸 녀자들은 사내의 륙보라고 한답니다."

기생은 이어 륙보를 내리외웠다.

우로 쳐든 우뚝이 하늘보기 첫째요. 화로불에 데웠나 뜨끈이가 둘째고

송이버섯 방망이 큰 대가리 셋째면, 아홉치만 되여라 긴장대기 넷째고

보리방아 절구질 힘껏 하기 다섯째, 겨울밤아 새여라 오래 끌기

여섯째

"참말이지 큰 대가리를 깊숙이 박고 오래 노는 재미란 천만 냥을 주어도 못 사지요. 나리께서 내 말을 못 믿으시겠거던 집에 돌아가 큼직한 물고기를 사서 잡수어보세요.

아마 고기가 클수록 감칠맛이 있을 거예요."

리생원은 그만 말문이 막혔다. 그 모양은 본 기생이 깔깔 웃으며 내게 말하였다.

"쇤네에게 늘 이런 송사를 맡기실 작정이면 방금 제가 여쭌 말을 꼭 그대로 법조문에 올려주세요."

기생의 말에 셋은 그만 너털웃음을 터뜨리고 말았다.

— 54~55쪽, 북한 사회과학원, 『야담삼천리』, 현암사, 2000

어떤가? 역시 19금 수준의 이야기다. 늙은 기생의 입에서 나온 음담패설 치고는 상상을 초월한다. 동서고금 남녀를 불문하고 50대에 진입하면 금기를 초월하는 편이다.

조선시대에도 『고금소총 古今笑叢』을 비롯한 야한 이야기책이 다수 전해온다. 대개 이들은 작자미상이다. 자신의 이름을 밝히기를 꺼렸다는 말인데 아마도 문장깨나 하는 선비지만 체면을 생각해서 이름 밝히기를 꺼렸을 것이다. 책의 제목 또한 점잖게 지었다. '옛날부터 지금까지 웃기는 이야기 모음집古今笑叢', '졸음을 물리치는 새로운 이야기禦睡新話' 등이다. 특히 이들 이야기는 필사본으로도 유행했다고 한다. 조선후기 가가호호 돌아다니며 책을 빌려주던 행상貰冊商에게 가장 인기 있는 장르가 음담패설이었다고 한다.

음담패설淫談悖說은 어느 시대나 풍속을 해친다고 하여 제대로 대우를 받은 적이 없다. 하지만 불멸의 생명력으로 살아남았으니 동서고금 인류의 문학적 자산임에는 분명하다.

평양 제일! 한량의 전설

옛 성곽城 동쪽머리 적막한 마을,   古郭東頭寂寞村
갈까마기 소리 끊기고 달빛 어린 황혼녘   寒鴉唬斷月黃昏
(그 한량) 풍류 빚, 아직 못갚았는지   當時未了風流債
선연동에 돌아가 그 골짜기 혼이 되었네   歸作嬋娟洞裏魂

– 嬋娟洞, 한재락, 녹파잡기

평양기생으로 청사에 이름을 남긴 이들은 많다. 운초 김부용, 계월향, 애월이, 한우 등을 들 수 있다.

그런데 상대역인 한량 중에는 누가 있었을까? 지난 번 소개했던 녹파잡기의 저자 한재락일까? 아니다. 한재락은 개성 출신으로 『녹파잡기』란 명저를 남겼으니 생략한다.

　평양 출신 한량은 누가 있었을까? 위 시의 주인공이 장본인이다. 이 일화는 녹파잡기에 나온다.

신윤복, 「춘의도春意圖」

18세기 말, 때는 춥지도 덥지도 않은 초가을, 무대는 평양의 어느 청루, 어여쁜 기생들끼리 한 자리에 둘러 앉아 얘기꽃이 한창 무르익고 있었다.

맏언니로 보이는 기생 왈,

"애들아, 춘심이, 추월이, 명월이, 오늘이 보름이잖아? 오늘 저녁 달구경하러 영명사 누각(부벽루)에 가지 않을래?"

– "좋아요, 좋아요!"

이구동성 화답을 한다.

영명사 전경 – 우측 나무 뒤에 가려진 누각이 부벽루로 보인다.

"근데 말이야, 우리끼리면 뭔 재미야? 니들 정인이든, 아니면 단골 한량이든 한 명씩 끼고 오는 거 어때?"

– 좋아요, 좋아요, 등수를 매겨 장원한 한량이 오늘 저녁 술값 내는 걸로 밀어 줍시다! 호호호 하하하…

어느덧 영명사 누각, 하나둘 꽃단장한 기생들이 영명사로 모이고 있었다. 모두 예닐곱은 족히 되었다. 그런데 어인 일인가? 약속한 기생들이 다 왔는데도 상대 한량은 아직 한 명 뿐이었다. 이윽고 맏언니가 점고를 하는데,

"춘심이, 네 정인 오셨느냐?"

– 오시고 말고요!

"추월이 너는?"

– 저도요!

"명월이 너는?"

– 그럼요, 오시고 말고요!

얘들아, 그럼 지체 말고 얼른 누마루로 뫼시거라!

이윽고 통영갓에 도포차림 한량이 누마루로 오르는데, 기생들이 다들 한 목소리로 외친다.

"서방님! 어서 오시와요!"

이게 어쩐 일인가? 상대 한량은 딱! 한 명, 알고 보니 그 한량이 모두의 연인이었다는 사실! 한량의 함자는 안일개安一箇, 당대 평양의 최고 한량이었다고 한다.

위 시는 일화 끄트머리에 나온다. 한재락의 〈녹파잡기〉에 실린 이 한량 안일개의 일화는 재미를 위해 대화체로 각색하였음을 밝혀둔다.

한재락이 평양 기생 66명을 개별 인터뷰할 때, 전설적인 한량 안일개를 들었고, 그의 옛집을 지날 때 위 시를 채록했다고 한다. 지은이를 무명씨로 해야겠지만, 한재락이 채록했으니 지은 거나 마찬가지다.

내용을 보면, 안일개는 난봉꾼이 아니라 만인의 연인이었던 모양이다. 또한 죽고난 뒤에도 기꺼이 선연동에 묻혔다니 당시로선 유별난 인물이다.

녹파잡기의 저자, 한재락의 배포와 인격에 대해 새삼 놀라게 하는 대목이 아닐 수 없다.

그런데 이상한 게 있다. 첫째로 달구경을 왜 부벽루가 아니라 영명사에서 했을까? 영명사는 금수산 기슭에서도 땅이 움푹 들어간 곳, 물론 대동강을 내려다 보는 언덕이라 달구경에는 좋은 곳이다. 또한 영명사에는 득월루得月樓가 따로 있었기에 이곳에서 달구경을 했던 것으로 보인다.

　다음으로 평양 최고 한량! 안일개의 이름이다. 안일개, 안일개, 되뇔수록 요상한 생각이 든다. 아닐개, 아닐개, 아닐개… 대체 뭐가 아니란 말인가? 실존인물인가? 아니면 가상인물인가?

『녹파잡기』,
평양기생 66명을 인터뷰하다

— 한재락, 허경진 역, 김영사

조선의 3대 색향色鄕 가운데 하나인 평양에서는 예로부터 이름난 기생들이 많이 나왔다. 개성 출신의 부자로서 일찍감치 출세하려는 생각을 버린 한재락은 자신이 직접 만난 평양 기생 66인의 삶과 사랑을 문학적이면서도 사실적으로 풀어냈다. 그는 기생의 딱딱한 인적사항이 아니라 그녀들만이 가진 개성과 특징을 포착하여 애정을 담아 우아하게 그려냈다.   — '책 소개' 중에서

18세기 후반, 조선의 르네상스시대였던 정조 연간이었다. 아무

리 한량 선비라고 해도 그렇지. 감히 기생들을 만나 나눈 대화를 책으로 엮을 생각을 하다니. 더더구나 대담했던 기생이 하나둘도 아니고 무려 66명이라니. 발칙하기 짝이 없는 일이다.

한재락은 누구인가? 자字가 정원鼎元이며 호는 우천藕泉, 우방藕舫, 우화노인藕花老人이다. 개성 명문가 출신으로 자하紫霞 신위申緯를 비롯한 서울의 경화세족京華世族과 어울렸던 시인이다. 그의 친형인 한재렴韓在濂(1775~1818)은 『고려고도징高麗古都徵』을 썼다고 하니 말이다.

그는 과거 급제에 실패한 뒤, 한동안 방황하다가 우연히 평양기생의 명성에 꽂혔던 모양이다. 우선 평양 기생의 명성을 확인하고 싶었고, 다음으로 그들의 처지에 동병상련의 심정이었던 것 같다.

이 책에는 평양 기생들의 구구절절 사연들이 실감나게 펼쳐진다. 애달픈 사연도 있지만 배꼽 잡는 우스개도 있다.

사람들은 희대의 바람둥이로 서양의 카사노바를 꼽는다. 짧은 밤이든 긴 밤이든 카사노바와 함께 했던 여자들은 하나같이 카사노바에 감동했다고 한다. 한재락 역시 카사노바 못지 않은 조선의 바람둥이였던 게 분명하다.

평양검무,
추강월의 춤사위

쌍쌍이 추는 검무, 온 당이 서늘한데　　　雙迴劍舞滿堂寒
등잔불 앞 손 맵시, 몰아치는 비바람 같네　手勢燈前風雨蘭
열 셋에 배운 추강월의 춤 솜씨　　　　　十三能學秋江月
동헌에서 밤마다 볼 수 있다네　　　　　來作東軒夜夜看

- 其四十六 平壤劍舞, 申光洙

　　검무劍舞를 본 적이 있다. 수년 전 진주 개천예술제에 갔더니 때마침 검무 공연을 하는 게 아닌가. 진주박물관 앞뜰에서 검무 공연을 하는데, 우선 무희들의 복장부터 눈길을 끌었다. 전립을 쓰고 샛노란 저고리와 남색 쾌자 차림, 찰그랑 찰그랑 칼 소리에 맞춰 붉은 허리띠도 쉴 새 없이 펄럭거렸다. 12명 정도가 줄을 맞춰 일제히 칼춤을 추는데 상상했던 것보다 동작은 느렸다. 하지만 장소가 진주성 안이기에 절로 의기 논개도 떠오르고 삼장사도 떠올랐다. 그날 밤에는 남강에서 열리는 유등축제를 관람했다. 진주성 전투를 연상시키는 등불 모형만 봐도 환영처럼 칼춤 장면이 떠올랐다.

평양검무도 아주 유명했다. 평양성을 찾는 손님들은 으레 검무 공연을 보았다고 한다. 장소는 연광정, 동헌, 부벽루 등으로 실내에서는 4인무, 실외에서는 8인무로 추었던 것 같다. 화자 신광수도

평양검무 공연 장면(한국민속예술축제 제공)

관서악부 연작시에서 평양검무를 위와 같이 그리고 있다.

본문을 보자.

검무는 두 줄로 마주 보고 선 채로 시작한다. 양 손에 칼을 쥔 채 쌍쌍이 짝을 지어 칼춤을 추니 보기만 해도 서늘하다. 등잔불을 켜놓았다고 하니 밤이다. 현란한 춤사위가 마치 비바람이 몰아치는 것 같다. 단체로 추는데도 추강월의 춤 솜씨가 빼어나다고 한다. 이를 보면 추강월이 오페라의 프리마돈나처럼 혼자 앞장서기도 했던 모양이다. 이름도 추강월, '가을 강의 달'처럼 서늘하다.

한편 연행 사절단이 평양에 묵어갈 때도 검무 공연을 보았다는 기록을 볼 수 있다.

무자년(1828, 순조 28) 4월 22일
맑음. 평양에 머물렀다. 오후에 배를 타고 부벽루浮碧樓에 올라가 검무劍舞를 관람하고, 영명사永明寺의 득월루得月樓로 옮겨 쉬었다가, 또 모란봉牡丹峯에 올라가 을밀대乙密臺와 기자묘箕子墓를 바라보고, 장경문長慶門으로 해서 저물어서야 처소로 돌아와 칠언 절구七言絶句 1수를 지었다.

— 작자미상 『왕환일기往還日記』 중에서

신광수의 시를 보면 검무 공연이 밤마다 동헌에서 열렸다고 한다. 검무 공연이 어지간히 인기가 있었다는 말이다.

알고 보니 검무의 전통은 아주 오래되었다. 조선시대 검무를 노래한 '만랑무가滿浪舞歌'가 연작시가 있다. 검무가인 만랑옹이 추는 칼춤을 보고 손곡 이달이 노래한 시다.

시위를 떠난 화살처럼 빠르고	若箭離弦
틈 사이 지나가는 망아지처럼 급하네	如駒過隙
앞으로 기울고 뒤로 거꾸러져 무너질 듯	前傾後倒若不支
좌로 돌았다 우로 움츠려 넘어질 듯	左盤右如不持
신출귀몰하니 언제 나타났다가 순식간 사라지는가	出沒無時
번개처럼 휘두르는 도끼에	霹靂揮斧
비바람 소리도 성이 났네	風雨聲怒

- 滿浪舞歌, 李達

연작시 '만랑무가'의 셋째 수다. 소위 클라이맥스 부분으로 평양검무 속 무희의 동작이 얼마나 격렬한 지 알 것 같다. '번개처럼 휘두르는 도끼에 비바람 소리도 성이 났네' 아마도 당시에는 은장도 같은 단검이 아니라 장검을 휘둘렀을 것만 같다.

"이 작품이 이태백李太白의 시와 무슨 차이가 있겠는가."

임진왜란 이후, 조선에 왔던 명나라 사신 주지번朱之蕃이 '만랑무가'를 접하고 무릎을 치며 탄복했다擊節嗟賞고 한다.

– 허균, 「손곡산인전」, 『성소부부고』 중에서

검무는 조선시대 지방 감영마다 공연되었다. 형식은 대동소이하나 지방에 따라 복장이나 무희 숫자가 달랐다. 평양검무의 복장은 궁중의 검기무처럼 전복 차림 즉, 철릭을 입고 전립을 썼다. 양손에는 단검을 들고 추었는데, 당시에는 직검이었으나 현재는 고리를 단 회전검을 쓰는 것으로 바뀌었다. 평안검무는 4인무 아니면 8인무이다. 관서악부에 검무는 동헌에서 추었다고 하니 실내 공연으로 아마도 4인무였을 것 같다.

복원된 평양검무는 유튜브에서도 감상할 수 있다. 진주검무나 통영검무에 비해 춤사위가 훨씬 격렬하고 형식도 다채로웠다. 놀라운 것은 '백년TV'라는 유튜브 채널에서 전설의 무희 최승희가 추는 평양검무를 컬러 버전으로 볼 수 있었다.

  최승희의 검무는 진주검무나 통영검무와는 춤사위부터 압도적이었따. 템포도 빠를 뿐아니라 동작 또한 역동적이었다.

평양검무 1인자, 최승희의 춤사위

평양검무 추는 최승희 – 명불허전名不虛傳이다. (백년TV 캡쳐)

평양검무의 춤사위는 진주검무나 통영검무의 그것과는 완전 달랐다. 우선 동작도 훨씬 다양한데다 속도도 빨랐다. 중모리, 중중모리, 휘몰이까지 다 들어있었다.

또한 무희들도 주인공과 조연이 따로 구분되어 있었다. 조연들은 포크댄스 추듯 단체 동작이라면 주인공은 프리마돈나처럼 앞장 서서 이끌어가는 역할이었다.

전설의 무용수 최승희가 추는 평양검무, 역시 명불허전名不虛傳, 명성이 허투루 전해진 게 아니었다. 마치 신들린 것 같았다. 최승희의 평양검무 공연을 보고 있으려니 뜬금없이 떠오르는 의문이 있었다.

알고 보면 노래도 춤의 속도도 세상의 평균속도를 따라가는 법이다. 속도의 차이는 '두만강 푸른 물에'와 싸이의 노래 '강남스타일'의 차이라고 하겠다.

그런데 1940년대 중반 최승희의 평양검무 공연인데 요즘 각종 검무 공연과 비교해 보면 80년 전의 속도가 훨씬 빠르다는 걸 알 수 있다. 시대의 평균속도에도 못 미친다면 검무의 인기는 미래가 없다. MZ세대에게 외면 받을 수밖에 없지 않겠는가.

최승희가 누구인가? 일본 유명작가가 남긴 글이 있다.

"그 때 나는 불상적인 아름다움에 완전히 끌려 들어갔다. 최승희 최후의 리사이틀이 제국 극장에 있었을 때에 최승희의 브로마이드를 사가지고 와서 보니까 반나체 불상춤 사진이 있었다. 몸에

보석이 장식된 반나체 사진을 보고 어쩐지 에로틱하게 생각되었다. 그때에는 스트립쇼와 같은 것이 없었으므로 최승희의 이러한 반나체 춤은 전쟁 중에 허가된 최후의 반 스트립이었을 것이다.

그런데 최승희의 반나체 불상춤은 지금의 전 나체의 스트리퍼보다 훨씬 더 에로틱한 자태를 보여주었다고 생각된다. 나는 이러한 최승희의 몸에서 무엇인가 환상을 불러일으키지 않았나 하고 생각했다. 그 불상춤의 환상은 그 얼굴이 불상과 비슷해서 어디엔가 불상적인 것이 나타난 것이다. 그래서 더 요염한 맛을 낸 것이 아닌가 본다."

— 미시마 유키오의 〈나의 사춘기〉 中

소설 금각사의 작가 미시마 유키오의 십대 시절, 사춘기 소년의 영혼을 송두리째 흔들어 놓은 이가 바로 무용가 최승희였다. 작가 유키오가 유미주의에 빠졌던 것도 어쩌면 최승희의 지대한 영향이었던 것만 같다.

"미국에서 공연할 때도 최승희는 자신을 조선에서 온 무용수라고 소개했으며, 피카소, 찰리 채플린 등 당대 세계 최고의 예술가

들과 교류를 했다는 점에서 앞서 한류를 만들어낸 선구자나 다름없다. 스케일이나 예술적 공헌도에서 그 누구도 할 수 없는 위대한 업적을 남겼다. 앞으로도 그런 인물은 나오기 힘들 것이다. 이데올로기적인 관점에서 친일, 월북이란 것을 두고 그 가치가 깎이고 있는데, 이제는 이 굴레를 벗어나도록 해줘야 한다."

― 최상철 교수(중앙대), 천지일보 2013. 11. 11.

최승희의 평양검무가 궁금하신 분은 「백년전TV」 유튜브에서 평양검무를 찾아보시기를.

무용가 최승희(변월룡 작)

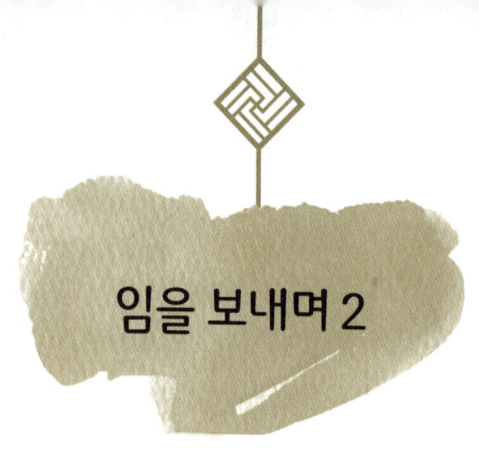

임을 보내며 2

대동강 위로 보내노니 정든 임,
천 가닥 버들가지로도 매어두지 못하는 임,
눈물 그렁한 눈과 눈,
애끊는 마음으로 떠나보내는 임

층층절벽 위에 올라 끝내고 싶은데
아슬한 난간 아래 긴 강물 굽어보네
여기 가까이 신선굴 있건만
하필 바다 밖 신선 땅 찾아갈 게 무어람

大同江上送情人
楊柳千絲未繫人
含淚眼看含淚眼
斷腸人對斷腸人

步上層厓欲盡頭
危欄千尺俯長流
此間自有神仙窟
何必蓬瀛海外求

— 送人, 계월향

계월향 초상(국립민속박물관)

한시는 역시 애정시詩가 재밌다. 소위 남녀상열지사 말이다.

애정시는 읽자마자 곧장 느낌이 온다. 그 느낌은 백인백색! 한자가 본시 뜻글자라 그런지 공명의 폭이 넓은 데다 연애담일수록 제 나름 상상의 여지가 크기 때문이다. 은근한 것은 페로몬 같이 은근하게, 야한 것은 홍등같이 야하게 말이다.

사람들은 대동강 하면 이별시로 정지상의 '送人'만 떠올리기 일쑤다. 하지만 이별의 정서를 노래한 시로써 위 시도 손꼽힐만 하다. 하지만 계월향에 대한 신화같은 이야기가 워낙 유명하여 위 시는 그 그늘에 묻혀있는 느낌이다.

본문을 보자. 첫수 起, 承, 結구에 '人'자가 중복되고, 승,전, 결구에도 단어 중복인 걸 보면, 썩 잘 지은 시는 아니다.

곰곰 생각해보면, 얼마나 그 인간시이 얼마나 야속했으면 중언부언에다 말끝마다 그 넘을 새겼을까? 詩를 빙자한 야유의 느낌마저 든다. 다분히 의도적이 아니었을까…

첫 수 해설은 생략! 둘째 수를 보자.

층층절벽은 어디일까? 대동강 배 위에서 바라본 청류벽, 그 위의 부벽루임에 틀림 없다. 그 위에서 끝장내고 싶다? 뛰어내리고 싶다? 위태로운 난간, 천길 아래 굽어보니, 긴 강물이다.

전구轉句는 농익은 익살마저 느껴진다.

부벽루 뒤쪽 영명사, 또 그 뒤에는 기린굴이 있다. 주몽이 기린을 타고 승천 했다는 전설의 굴, 그 굴에 빗대 자신에게도 '신선굴'이 있단다. 들어가기만 하면 곧장 신선이 되는 굴, 지척에 있는 굴을 두고 떠나는 임아! 배를 타고 멀리 있는 봉래산, 영주산까지 찾아가느냐고 항변을 한다.

대개 이 시는 첫 수, 칠언절구만 인용을 하기에, 소생 역시 첫 수만 있는 줄 알았다. 그런데 알고 보니, 칠언율시다.

첫 수만 놓고 볼 때, '울고 울고 또 울었다' 밖에 없다. 그래서 어쨌다는 말이냐 하는 느낌이다. 그런데 둘째 수를 보니, 전체 뜻이 살아난다. 소생처럼 삐딱한 문사는 삐딱하게 해석하고, 고담준론 고수들은 고루하게 해석하기도 한다. 첫 수의 거친 표현에도 불구하고, 이 시는 해석의 여지가 많아 재밌다.

한편 임진왜란 당시 계월향의 활약은 곧잘 '조선판 잔다르크'에 비기기도 한다. 그렇다면 대체 어떤 활약을 펼쳤던 것일까?

김응서가 평양성 탈환의 명장이 된 배경에는 평양 기생 계월향桂月香의 도움이 컸다. 계월향은 평양 무관이던 김응서와 연인戀人 관계였다. 1592년 왜군倭軍은 조선 침략 두 달 만인 6월 11일 평양성을 함락시켰다.

 평양성 함락 당시 계월향은 포로로 잡히고 말았다. 소서행장小西行長의 친족이며 부장副將이었던 '고니시히小書飛'의 진중陣中이었다. 계월향은 거짓으로 전향하여 왜장의 애첩이 되었다.

 1592년 12월 명나라 장수 이여송李如松이 4만8000천 대군을 이끌고 왔다. 조명 연합군은 대대적인 평양 수복작전을 감행하기 직전이었다.

 당시 계월향은 보통문 문루門樓에 있다가 성 밖에서 기밀을 탐지하던 김응서金應瑞 장군을 발견한다. 계월향은 김 장군을 '난리통에 헤어진 오라버니'라고 속여 성 안으로 불러들였다.

 계월향은 왜장倭將이 깊은 잠에 빠져들기를 기다린 후, 드디어 김 장군을 안내하여 장막으로 들어갔다. 왜장은 의자에 앉은 채 단잠에 빠져있었지만 손에는 사무라이답게 쌍칼을 쥐고 있었다. 얼굴빛이 붉어서 마치 망나니가 앉은 채 졸고 있는 듯했다.

 김장군이 칼을 빼서 순식간에 왜장의 머리를 베었다. 왜장은 머리가 땅에 떨어졌는데도 불구하고, 비명소리가 어둠 속 장막을 진동했다. 왜장은 반사적으로 쥐고 있던 칼을 던졌는데 하나는 벽에, 하나는 기둥에 절반쯤 꽂혔다. 소동에 놀란 초병들이 우르르 장막 쪽으로 달려오고 있었다.

 계월향이 왜장의 큰 칼을 쥔 채 장막 앞으로 지킬 동안 김장군은 가까스로 성을 빠져나올 수 있었다. 계월향은 왜군들의 칼에 장렬하게 최후를 맞았다.

 이튿날 아침에 왜군들은 왜장이 죽은 것을 알고서 사기가 크게 떨어졌고 급기야 평양성을 포기한 채 퇴각을 했던 것이다.

평양성 탈환에는 계월향의 목숨을 바친 희생이 숨어있는 것이다. 이를 만해 한용운卍海 韓龍雲은 '계월향에게'라는 시를 바쳤다.

계월향에게

한 용 운

계월향이여, 그대는 아리따웁고
무서운 최후의 미소를 거두지 아니한 채로
대지大地의 침대에 잠들었습니다
나는 그대의 다정多情을 슬퍼하고
그대의 무정無情을 사랑합니다

대동강에 낚시질하는 사람은 그대의 노래를 듣고
모란봉에 밤놀이하는 사람은 그대의 얼굴을 봅니다
아이들은 그대의 산 이름을 외우고
시인은 그대의 죽은 그림자를 노래합니다

사람은 반드시 다하지 못한 한恨을 끼치고 가게 되는 것이다
그대는 남은 한이 있는가 없는가

있다면 그 한은 무엇인가
그대는 하고 싶은 말을 하지 않습니다

그대의 붉은 한恨은 현란한 저녁놀이 되어서
하늘 길을 가로막고 황량한 떨어지는 날을 돌이키고자 합니다
그대의 푸른 근심은 드리고 드린 버들실이 되어서
꽃다운 무리를 뒤에 두고 운명의 길을 떠나는 저문 봄을 잡아매려 합니다

나는 황금의 소반에 아침볕을 받치고
매화梅花가지에 새 봄을 걸어서
그대의 잠자는 곁에 가만히 놓아 드리겠습니다
자 그러면 속하는 하룻밤 더디면 한 겨울 사랑하는 계월향이여

채용신 作, 평양기생 계월향

수양버들은 왜 쉽게 시드는가

보통원 밖, 천 그루 수양버들은 　　　　　普通院外千株柳
가지가 짧아 꾀꼬리도 붙잡지 못하네 　　枝短難堪繫去鸎
연년세세 이별 모습 지켜보다 보니, 　　應是年年管離別
수심에 한恨까지 겹쳐 쉽게 시들어 떨어지는구나 　縈愁帶恨易彫零

　　　　　　　　　　　– 箕子都続楊柳枝曲, 金安国

　평양을 '류경柳京'이라 한다. 예컨대 '류경'이 들어간 건물로는 류경호텔, 류경정주 영체육관, 류경구강병원 등이 있다. 보통원은 여행객을 위한 숙소로 평양성 서문인 보통문과 보통강 나루 사이에 있었다. 보통강 나루에도 수양버들이 즐비했지만 가지들이

조선중앙통신은 219일 보통강 유보도(산책로) 개작공사를 완공했다며 사진과 함께 보도했다. (조선중앙통신 캡쳐)

짧았단다.

제목을 풀어 보면, '기자箕子의 도성에서 수양버들 가지의 노래를 다시 짓다'.

조선 사람들은 '단군조선' 이후에 '기자조선'을 큰 자랑으로 여겼다. 황제나라 중국에서 기자라는 성인이 고조선에 와서 선진문명을 전해주었다고 하면, 우리 조선도 오랑캐 나라를 면하는 동시에 제후국의 지위를 떳떳하게 누릴 수 있다고 생각했던 것이다.

보통원은 여행자용 숙소였다. 院은 관館, 역참驛站과 함께 교통과 통신을 위한 시설이다. 원은 숙소 기능으로 지명으로도 남아있다. 예컨대, 이태원, 퇴계원, 인덕원, 장호원, 조치원 등이다.

역참은 역마를 관리하고 제공하는 곳이다. 물론 이곳을 이용하는 여행자는 공무를 띠고 평양성에 온 관리를 말한다. 그렇다면 일반 상인, 보부상은 어디서 잤을까? 주막으로 밥과 술만 팔아주면 숙박료는 공짜였다고 한다. 관리들은 원院이나 역참을 이용하고, 민간인은 주막에서 묵으니, 조선에서는 여행업, 호텔다운 호텔이 개화기까지도 등장할 수 없었다고 한다.

이제 본문을 보자.

이곳은 보통문나루 앞이다. 연년세세 시도 때도 없이 이별하는 곳이다. 버들가지가 전송객들의 눈물 콧물 짜는 사연을 엿듣고 있자니 자연 감정이입이 될 수밖에. 걱정과 한숨을 지켜보다 보니, 시름에 겨워 버들가지들이 이내 시들고 그 많은 잎도 이내 떨어지고 만다.

시절은 언제일까? 버들잎들이 죄다 떨어지는 늦가을인 듯하다. 남들은 하나 같이 봄날의 버들가지를 노래했지만 모재 김안국은 늦가을의 앙상한 버들가지를 노래했다. 모재의 능청스러운 허풍이 빛나는 칠언절구다.

2022년 현재, '보통강'은 어떤가? 강변에 조성한 산책로인 '유보도'는 평양의 데이트 명소이다. 휘늘어진 수양버들 가지가 커튼 역할을 하니 연인끼리 애정 표현에 더없이 좋다고 한다. 요즘 평양에는 '보통강 유보도 대장'이란 말이 유행이라고 한다.

보통강유원지는 유명 데이트 코스이다. 이곳에 혼자서 산책하는 여성을 '유보도 대장'이라 하는데, 이는 '바람난 여자'라는 뜻이라고 한다. 남남북녀 그대로 북한에서는 남자보다 여자가 더 공세적인가 보다.

이별의 정표,
그림 속의 버들가지

견당사「절양류의 이별」(日本財団 図書館)

푸른 옥으로 치장한 높다란 나무	碧玉妝成一樹高
만 가지 초록실을 늘어뜨렸구나.	萬條垂下綠絲條
그 누가 잘랐을까, 가지가지들	不知細葉誰裁出
이월 봄바람이 가위질한 것 같네	二月春風似剪刀

- 詠柳, 賀知章(唐)

봄바람에 살랑대는 수양버들은 마치 푸른 옥이 반짝이는 것 같다. 그런데 그 가지들이 마치 가위질을 한 듯이 잘려져 있다. 이별하는 사람들이 예외 없이 손을 뻗어 가지를 자르다 보니 일제히 잘려나간 것이다.

버들가지를 꺾어 이별의 정표로 삼는 일은 고대 중국으로부터 유래했다. 당연히 연인 사이, 부부 사이의 이별 풍속인 줄 알았다. 그런데 위 그림을 보니 아니다.

왼쪽 그림에는 남자들끼리 버들가지를 건네고, 오른쪽 그림에는 여자들끼리 건네는 걸 알 수 있다.

연인 사이에만 버들가지를 건넨다면 버들가지의 수난은 훨씬 덜했을 텐데……

중국 바이두(百度百科)

후기

평양몽을 위하여

조선시대를 통틀어 평양은 '풍류 도시'였다. 그렇다면 풍류의 진면목은 무엇이었을까? '시서금주詩書琴酒'를 즐기는 행위, 물론 따로 따로 즐기는 게 아니라 네 가지 모두를 동시에 즐기는 것을 말한다. 하지만 사람들은 '시짓기와 붓글씨詩書의 풍류보다는 거문고와 술琴酒의 풍류에 더 기울어져 살았다. 물론 풍류는 양반 그들만의 점유물이었기에 아무리 절제한다고 해도 평민들의 눈에는 곱게 비칠 리가 없었다. 그러다 보니 풍류는 그들만의 풍류였고, 평민들 눈에는 풍류놀음'로 비치기 일쑤였다. 그럼에도 불구하고, 풍류의 순기능, 즉 풍류의 역사적 가치, 문화 예술적 가치를 폄하할 수는 없다.

 '인류 역사는 한 사람이 자유로운 시대로부터 만 사람이 자유로운 시대로 발전해 왔다' 헤겔의 통찰이다. 동서고금을 막론하고 귀족문화, 양반문화는 엄연히 존재해왔고, 세월따라 그 경계는 사라져갔다. 그렇다면 조선시대 풍류 도시 평양은 지금 어떻게 변했을까?

 이 책은 건설엔지니어 겸 시인의 관점으로 평양의 풍류 무대를 해설한 책이다. 풍류 무대는 평양성의 정자와 누대들이었다. 이들 명승지들은 평양의 고지도에서 뚜렷이 나타나 있다. 2023년 현재, 평양성의 정자와 누대들은 어떻게 변했을까? 비록 현지답사는 할 수 없지만 손바닥 위에서도 얼마든지 그 존재를 추적할 수 있다. 위성지도 구글어스(google earth)를 통해 확인할 수 있기 때문이다.

 이 책의 시작은 풍류도시 평양의 변화를 탐사하는 데서부터 출발했다. 언뜻 생각하면, 참으로 무모한 구상이다. 그도 그럴 것이

'평양 가기가 뉴욕 가기보다 훨씬 더 어려운 지경'이기 때문이다. 그렇다고 무작정 통일이 될 날까지 기다리고 있을 수는 없는 노릇 아닌가? '꿩 대신 닭'이다. 일단 도전하기로 했다. 이리하여 필자의 '평양 짝사랑'과 '북녘 도시 짝사랑'이 시작된 것이다.

이 책의 원고들은 1차적으로 동호인 밴드에 일요일 아침마다 '절절 漢詩'란 이름으로 연재하였다. 초창기에는 '당신은 친북좌파'란 오해도 종종 받았다. 예컨대, '평양이 좋으면 평양 가서 살지 왜 밴드에다 평양 예찬질이냐?' 식이었다. 하지만 그때마다 정중하게 필자의 진의를 설명하면서 그 오해를 풀기도 했다. 일례로 '금수산, 빼앗긴 이름에도 봄은 오는가'를 들 수 있다. 평양의 진산 금수산이 지금은 김일성 부자의 미라 전시관으로 변해버린 것을 질타하는 내용이었다. 이렇게 풍류도시 평양을 탐사하다보니 어느덧 책 한 권 분량을 훌쩍 넘은 것이다.

당초에는 한 권의 책으로 묶을 심산이었다. 하지만 가편집을 해보니, 무려 420쪽이 넘는 게 아닌가. 생살을 도려내는 심정으로 우선 한 권을 묶기로 했다. 과도하게 다이어트를 한 느낌이다. 하지만 그 아쉬움은 조만간 속편으로 엮을 생각이기에 오히려 홀가

분한 마음도 든다.

'병아리도 평양에 가고 싶어 피양피양 하고 운다.'는 북녘 속담처럼 평양몽을 꾸는 사람들은 북한에도 헤아릴 수 없이 많다. 북녘 동포들이 그럴진대, 남녘 동포들이야 말해 무엇 하겠는가. 아무쪼록 이 책을 통해 당신도 평양몽을 꿀 수 있기를, 이미 꾸고 계시다면 갱신하시길 기대해 본다.

끝으로 이 책을 출간하기까지 감사를 표해야할 분들이 많다. 한시 원문과 번역을 꼼꼼히 읽고 교정해주신 오재 정길연 훈장님, 동호회 밴드에 널려있는 초고 원고를 모아준 하우ENG 자료실의 이종선 실장, 가편집본을 꼼꼼히 읽으며 거친 문장과 중언부언을 지적해준 은누리의 편집진들, 표지그림과 제호까진 맡아주신 김충진 화백님과 연문출판의 김정란 부장님께 머리숙여 감사드립니다.

박하 드림

부록

참고자료

단행본

김계자 등 역, 『전설의 평양』, 학고방, 2014
김점 지음, 장유승 옮김, 『서경시화–평양의 시와 인물들』, 성균관 출판부, 2021
박원호, 『평양의 변신, 평등의 도시에서 욕망의 도시로』, 은누리, 2021
박원호, 『북한의 도시를 미리 가봅니다』, 가람기획, 2019
북한사회과학원, 『북한사회과학원이 엮은 야담삼천리』, 현암사, 2000
서울학연구소, 『평양의 옛 지도』, 평양학연구센터, 2022
서울학연구소, 『평양 오디세이』, 민속원, 2022
수키 김, 『평양의 영어 선생님』, 다오네, 2015
신광수 지음, 이은주 역해, 『관서악부』, 아카넷, 2018
오혜선, 『런던에서 온 평양 여자』, 더미라클, 2023
이선, 『풍류의 류경, 공원의 평양』, 효성출판, 2018
이은주, 『평양을 담다–역주 『평양지』, 『평양속지』, 소명출판, 2016
이이화, 『못다한 한국사 이야기』, 푸른역사, 2001
이지상, 『여행자를 위한 에세이 北』, 삼인, 2019

임동우, 「평양 그리고 평양 이후」, 효형출판, 2011
정일영, 오창은 외 「평양 오디세이」, 민속원, 2022
최선웅, 민병춘 해설, 「해설 대동여지도」, 진선출판사
필립 뭬제아 엮음, 윤정원 옮김, 「이제는 평양건축」, 도서출판 담디, 2012

논 문

김민아, 정인하, 「조선후기 이후 평양의 도시형태 변천에 관한 연구」, 2013
김창현, 「고려시대 평양 연구」, 2004
북한토지주택리뷰 「평양 보통강 강안 다락식 주택구 건설사업 리뷰」, 2022
유안나, 이해준 「평양 검무 변천과정 연구」, 2020
이은주, 「평양인의 자기 인식—읍지 자료를 중심으로」, 2021

인터넷

한국고전종합DB https://db.itkc.or.kr/
한국민족문화대백과사전 http://encykorea.aks.ac.kr/

조선 시인 인명사전

＊ 일러두기
아래 인물들은 본문에 소개된 한시의 원작자들에 한정하였다. 내용은 『한국민족문화대백과사전』을 참고하여 간추렸음을 밝혀둡니다. – 필자 주

계월향 桂月香 (? ~1592)
조선시대 평양의 명기이다. 당시 평안도 병마절도사 김응서의 애첩으로, 임진왜란 때 왜장 고니시유키나가의 부장에게 몸을 더럽히게 되자, 적장을 속여 김응서로 하여금 적장의 목을 베게 한 후 자결하였다.

김부용 (? ~ ?)
성은 김씨, 본명은 김부용(金芙蓉). 운초는 호. 평안도 성천 출생.
평안도 성천의 명기로서 가무와 시문에 뛰어났다. 김이양(金履陽 1755~1845)의 인정을 받아 종유하다가 1831년(순조 31)에 기생 생활을 청산하고 그의 소실이 되었다. 그 뒤 시와 거문고로 여생을 보냈

다. 우아한 천품과 재예로 당시 명사들과 교유, 수창(酬唱)하였고, 특히 김이양과 동거하면서 그와 수창한 많은 시를 남겼다. 삼호정시단(三湖亭詩壇)의 동인으로서 같은 동인인 경산(瓊山)과 많은 시를 주고받았다.
자부심이 대단하여 자신은 천상에서 내려온 선녀라고 하였다. 발랄하고 다채로운 풍으로 남자를 무색하게 한다는 평을 들었다. 시문집 『운초당시고』, 일명 부용집(芙蓉集)이 있다.

김시습 金時習 (1435~1493)

조선 초기의 문인, 학자이자 불교 승려이다. 본관은 강릉
자(字)는 열경(悅卿), 호는 매월당(梅月堂)·동봉(東峰)·벽산청은(碧山淸隱)·췌세옹(贅世翁), 불교 법명은 설잠(雪岑)이다. 생육신의 한 사람으로 세조의 왕위찬탈에 실망한 나머지 일생을 떠돌이로 살았다. 저서 『금오신화』 외 다수

김안국 金安国 (1478~1543)

중종시대, 경상도관찰사를 지낸 문신 성리학자. 자는 국경(国卿), 호는 모재(慕斎), 시호는 문경(文敬), 본관은 義城. 예조판서, 대제학등 역임.(중략) 김안국은 일본을 교화시켜야 할 오랑캐의 나라라고 인식하기보단 그들을 대등한 관계에 있는 이웃나라로 인식하였다. 그는 선

입견에 따라 일본을 폄하하는 시각을 가지고 있던 당시의 문사들을 경계하면서, 일본과 상호간 우호적인 입장에서 교린의 관계를 유지해야 하며 또한 일본에 대하여 합당한 예를 갖추어야 함을 역설하였다. 이렇게 당대인과 달리 객관적이고 개방적인 시각에서 일본을 인정하였던 김안국은 이로 인해 실록으로부터 전반적인 긍정적 평가에도 불구하고 이에 관해서는 혹독한 평가를 받았다.

김 점 金漸 (1675~1755)

본관은 김해(金海), 자는 중홍(仲鴻), 호는 현포(玄圃)이며 평양 출신이다. 십대 중반에 문산(文山) 허절(許哲)을 사사하여 문학적 재능을 인정받고, 1717년 평안도 관찰사로 부임한 김유(金楺)와 사제의 인연을 맺었다.

1721년 진사시에 합격하여 성균관에 입학했으나 문과에는 급제하지 못했다. 이후 성천(成川)으로 이주하여 독서하며 여생을 마쳤다. 80세 무렵 평안도 관찰사로 부임한 채제공(蔡濟恭)을 만났는데, 이 인연으로 채제공이 문집 『현포 산인집(玄圃山人集)』의 서문을 써주었다. 저서로 『서경 시화』와 『칠옹냉설』이 전한다.

김택영 金澤榮 (1850~1927)

조선후기 문인, 본관은 화개(花開). 자는 우림(于霖), 호는 창강(滄江), 당호는 소호당주인(韶濩堂主人). 경기도 개성 출생. 아버지는 개성부(開城府) 분감역(分監役) 김익복(金益福)이고, 어머니는 첨지중추부사(僉知中樞府事) 윤희락(尹禧樂)의 딸이다.

1866년(고종 3) 17세의 나이로 성균초시(成均初試)에 합격했다. 20대 전후에 이건창(李建昌)과 교유를 가지면서 문명(文名)을 얻기 시작했다. 34세인 1883년(고종 20) 김윤식(金允植)의 추천으로 당시 서울에 와 있던 중국의 진보적인 지식인 장첸(張謇)과 알게 되었다. (중략) 을사조약으로 국가의 장래를 통탄하다가 1905년(광무 9)중국으로 망명하였다. 양쯔강(揚子江) 하류 난퉁(南通)에서 장첸의 협조로 출판소의 일을 보는 것으로 생계를 유지했다.

저서로는 『한국역대소사(韓國歷代小史)』·『한사경(韓史綮)』·『교정삼국사기(校正三國史記)』 등이 있고 시문집으로 『창강고(滄江稿)』와 『소호당집(韶濩堂集)』이 있다.

노공필 盧公弼 (1445~1516)

국일재(菊逸斎) 본관이 교하(交河)이며 자는 희량(希亮). 1466년에 문과에 합격하여 성균관직강. 부제학을 거쳐 1483년 대사헌이 되었으며 그후 6조판서를 두루 거쳤다.

성현 成俔 (1439~1504)

조선 전기의 대표적인 관료 문인이다. 본관은 창녕(昌寧)으로 지중추부사 염조(念祖)의 셋째 아들이다. 자는 경숙(磬叔), 호는 용재(慵齋)·허백당(虛白堂)·부휴자(浮休子)·국오(菊塢), 시호는 문대(文戴). 1462년(세조 8년) 식년문과(式年文科)에, 1466년 발영시(拔英試)에 급제해 박사(博士)로 등용되었다. 이어 사록(司錄) 등을 거쳐 1468년 예문관수찬(芸文館修撰)을 지냈다. 맏형 임(任)을 따라 명나라 사행 때 지은 기행시를 정리해 『관광록(觀光錄)』으로 엮었다.

1475년 다시 한명회(韓明澮)를 따라 명나라에 다녀와서 이듬해 문과중시(文科重試)에 급제, 대사간 등을 지냈다. 1485년 천추사(千秋使)로 명나라에 다녀와 형조참판 등을 거쳐, 평안도관찰사를 지냈다. 평안도관찰사로 있을 때 명나라 사신 동월(董越)과 왕창(王敞)이 왔는데 이들과 시를 주고받아 그들을 탄복하게 했다. (하략)

신광수 申光洙 (1712~1775)

본관은 고령(高靈). 자는 성연(聖淵), 호는 석북(石北) 또는 오악산인(五嶽山人). 아버지는 첨지중추부사 신호(申浩)이며, 어머니는 통덕랑(通德郎) 이휘(李徽)의 딸이다.

집안은 남인으로 초기에는 벼슬길이 막혀 향리에서 시작에 힘썼다. 채제공(蔡濟恭)·이헌경(李獻慶)·이동운(李東運) 등과 교유하였다. 그리고 윤두서(尹斗緖)의 딸과 혼인하여 실학파와 유대를 맺었다. 신광수는 39세 때에 진사에 올라 벼슬을 시작하였다. 49세에 영릉참봉(寧陵參奉)이 되고, 53세에 금오랑 (金吾郎) 으로 제주도에 갔다가 표류하였다. 제주에 40여 일 머무르는 동안에 『탐라록(耽羅錄)』을 지었다. 그 뒤에 선공봉사(繕工奉事)·돈녕주부(敦寧主簿)·연천현감(漣川縣監)을 지냈다.

그의 시인 「등악양루탄관산융마(登岳陽樓歎關山戎馬)」(關山戎馬로 약칭됨.)는 창(唱)으로 널리 불렸다. 그는 사실적인 필치로 당시 사회의 모습을 보여주고 있다.

위백규 魏伯珪 (1727~1798)

호남파 실학자. 본관 장흥, 전라도 장흥부 계항동—현재 장흥군 관산읍 방촌리—에서 태어났다. 영조 34년(1758) 한국 최초 세계지리서겸 팔도지리서인 『환영지』를 작성하였으며, 이듬해에는 『정현신보』를 저술하여 당시 민정의 부패상을 신랄하게 비판·고발하고 제도상의 개혁을 주장하며 다산의 『목민심서』에 선구적 역할을 하기도 했다. 작품으로는 가사인 농가, 자회가, 권학가 등 90여 편이 전해온다.

윤유 尹游 (1674~?)

자는 伯叔, 호는 晩霞. 조선조 숙종 때에 이조·형조·호조의 판서를 역임하였고, 글씨를 잘 썼다. 평양에서 읊은 시조 두 수가 전한다.

이달 李達 (1539~1612)

조선조 시인, 『손곡집』을 저술한 시인.

본관은 홍주(洪州). 자는 익지(益之), 호는 손곡(蓀谷)·서담(西潭)·동리(東里). 원주 손곡(蓀谷)에 묻혀 살았기에 호를 손곡이라고 하였다. 이수함(李秀咸)의 서자이다. 이달의 제자 허균(許筠)이 이달의 전기 『손곡산인전(蓀谷山人傳)』을 지으면서 "손곡산인 이달의 자는 익지이니, 쌍매당이 첨(李詹)의 후손이다."라고 기록하였다. 이것을 근거로 이달을 이첨의 후손으로 보아 신평 이씨로 파악하기도 한다. 그러나 이달은 이석근(李碩根)-이수함으로 이어지는 홍주이씨이고 조선후기 『신평이씨족보』에서 나타나지 않는다. 아마 허균이 자신의 스승인 이달의 가계를 혼동하여 기록했을 개연성이 크다.

이색 李穡 (1329~1396)

고려 말기 문신, 정치가 유학자, 시인이다.

본관은 한산(韓山)이고, 자는 영숙(潁叔), 호는 목은(牧隱), 시호는 문정(文靖)이다. 성리학을 고려에 소개, 확산시키는 역할을 하였으며 성리학을 새로운 사회의 개혁, 지향점으로 지목하였다.

찬성사(贊成使) 이곡의 아들이며, 이제현의 제자로서 그의 문하에서 성리학자들은 다시 역성 혁명파와 절의파로 나뉘게 된다. 정도전, 유창 등의 스승이었다. 이성계와 정도전의 역성혁명에 협조않았고 조선 개국 이후에도 출사하지 않았다. (하략)

목은 이색은 1396년(태조 5) 68세 때 고향 여강으로 가던 중 갑작스러운 죽음을 당하여서 후세까지도 의문을 남기고 있다. 문하에 권근, 김종직, 변계량 등을 배출하여 성리학의 주류를 이루게 했다.
저서로 『목은집』 55권, 여주 신륵사 입구 여주박물관에 이색시비가 있다.

이해응 李海應 (1775(영조 51)~1825(순조 25))

조선 후기의 문신. 본관은 한산(韓山). 자는 성서(聖瑞), 호는 동화(東華). 조부는 이사민(李思閔)이며, 부친은 증사복시정(贈司僕寺正) 이관채(李寬采)이다. 모친은 남양홍씨(南陽洪氏) 별제(別提) 홍희구(洪希求)의 딸이다. 동생은 이해광(李海廣)이다.

1825년(순조 25) 51세에 을유식년 사마시(乙酉式年司馬試)에 생원 3등으로 합격하였고, 그해 5월 6일에 죽었다. 그는 조인영(趙寅永), 조만영(趙萬永), 한치윤(韓致奫), 이지연(李止淵), 서장보(徐長輔), 조수삼(趙秀三) 등과 교유하였다.

1803년(순조 3)에 친우인 서장관(書狀官) 서장보를 따라 청의 연경(燕京)에 다녀와서 이 연행의 기록을 『계산기정(薊山紀程)』으로 정리하였다. 이밖에 『동화유고(東華遺稿)』 3권을 남겼다.

임백연 任百淵 (1802~1866)

본관이 풍천(豊川), 자는 보경(溥卿) 또는 보경(保卿), 호는 경오(鏡浯)이다. 그는 1844년 증광시(增広試) 병과(丙科)에 급제하여, 제주판관·동부 승지를 역임하고 부호군에 이르렀다. 1836년 동지사(冬至使)의 서장관 종고(鐘皐) 조계승(趙啓昇)의 수행원으로 북경에 다녀와 『경오유연 일록』 2책을 남겼다. 또한 당시 연행에 동행한 신재식(申在植, 1770~1843) · 이노집(李魯集) · 조계승 · 이봉녕(李鳳寧) · 최헌수(崔憲秀) · 정환표(鄭煥杓) · 임백연 · 이상적(李尙迪, 1804~1865) 등 8명의 시 15수씩을 선발하여 총 27제 120수를 북경에서 목판본으로 간행한 『상간편(相看編)』이 있다.

임제 林悌 (1549~1587)

조선의 문신. 자는 자순, 호는 백호, 본관은 나주. 남인의 당수, 미수 허목의 외할아버지이다. 선조때 문과에 급제, 선비들이 동인과 서인으로 나뉘어 다투는 것을 개탄하고 명산 유람으로 여생을 보냈다. 서도 병마사로 부임하는 길에 황진이의 무덤을 찾아가 시조 한 수를 짓고 제사지냈다가 부임도 하기 전에 파직당한 일과 기생한우(寒雨)와 시조를 주고받은 일, 평양기생과 평양감사에 얽힌 일화도 유명하다.

정지상 鄭知常 (?~1135)

고려중기 인종(仁宗) 때의 문신이자 시인이다.
경(西京) 출신, 초명은 지원(之元), 호는 남호(南湖). 어려서 아버지를 여의고 홀어머니 노씨(盧氏) 슬하에서 성장했다. 어려서부터 기억력이 좋고 글씨를 잘 썼으며, 이미 5세 때에 강 위에 뜬 해오라기를 보고 "어느 누가 흰 붓을 가지고 을(乙)자를 강물에 썼는고(何人將白筆乙字寫江波)."라는 시를 지었다고 한다. 자라서는 문학뿐 아니라 역학(易学)과 불교 경전에도 뛰어났고, 그림·글씨에 능했으며 노장철학(老莊哲学)에도 조예가 깊었다. 묘청(妙淸), 윤언이 등과 함께 서경 천도와 칭제건원을 주장하였으며, 후일 묘청이 서경에서 일으킨 반란(묘청의 난)의 주요 관련자라는 이름으로 김부식에 의해 처형당했다.

최경창 崔慶昌 (1539~1583)

조선의 문신이자 시인. 자는 가운, 호는 고죽, 본관은 해주. 사후 이조판서에 증직되었다. 1568년(선조 원년)에 문과에 급제했다. 이후 여러 관직을 거쳐 1582년(선조 15년) 종성 부사를 거쳐 1583년(선조 16년) 방어사의 종사관에 임명되어 서울로 올라오던 도중 사망하였다. 기생 출신의 첩홍랑과 시문을 교유한 일화가 유명하다. 시를 잘 지었으며 피리도 잘 불었다. 어려서 영암 바닷가에 살 때 해적의 무리에게 포위되자 통소를 구슬프게 불었는데, 그 연주법이 너무 뛰어나 해적들은 신이 부는 것이라고 생각하여 모두 흩어져 돌아갔다는 이야기가 전해진다. 저서 「고죽집」

하연 河演 (1376~1453)

본관은 진양(晉陽)이며, 자는 연량(淵亮), 호는 경재(敬齋)·신희옹(新稀翁)이다. 시호는 문효(文孝)이다. 두문동 72현 중 한 사람인 하자종(河自宗)의 아들이며 부친의 친구인 정몽주(鄭夢周)의 제자로, 성리학의 절의파(節義派) 사상을 계승한 대표적 학자이다. 1395년(태조 5) 식년 문과에 급제하여 봉상시 녹사(奉常寺錄事)로 조정에 출사하여 승정원 동부대언(承政院 同副代言), 예조참판(禮曹參判), 대사헌(大司憲), 대제학(大提學), 형조판서(刑曹判書), 예조판서(禮曹判書) 등을 역임하였으며, 좌의정, 우의정을 거쳐 영의정에 올랐다. 의정부에 들어간 뒤 20여 년 간 문안에 사알(私謁)을 들이지 않고 법을 잘 지켜 승평수문(昇平守文)의 재상으로 일컬어졌다. 종묘 문종의 묘정에 배향되었고, 무주의 백산서원(栢山書院), 진주의 종천서원(宗川書院), 합천의 신천서원(新川書院)에 제향되었다.

저서로는 「경재집(敬齋集)」, 「경상도지리지(慶尙道地理志)」, 「진양연고(晉陽聯藁)」「경상도영주제명기」(慶尙道營主題名記) 등이 있다.

한재락 韓在洛 (? ~ ?)

자는 정원(鼎元), 호는 우천(藕泉)·우방(藕舫)·우화노인(藕花老人)이다. 정확한 생몰연대는 확인되지 않는다.

18세기 후반과 19세기 전반의 도회지 소비문화와 예술 세계를 거침없이 향유한 인물로 꼽힌다. 신위, 이상적 등과 교유했다.

평양풍류

구글어스로
옛 詩 속 평양 산책 ❶

발행일 2023. 3. 31
지은이 박 하
펴낸이 이수남
편 집 김정란 (연문씨앤피)
발행처 도서출판 은누리
주 소 부산광역시 해운대구 센텀2로 20
　　　　 센텀타워메디컬 1302호
전 화 051) 927-1460
팩 스 051) 0504-150-1460
등 록 2020년 10월 6일(제2020-000039호)
ISBN　979-11-982707-0-2　03910

이 책은 저작권법에 따라 보호받는 저작물이므로 무단 전재와 무단 복제를 금지합니다.
이 책 내용의 전부 또는 일부를 사용하려면 반드시 저작권자에게 서면동의를 받아야 합니다.